名家点评

很多书都可以告诉你如何讲故事。不同的是，《故事力》这本书以20种不同的声音和引人入胜的故事来阐述这门艺术，在愉快阅读的同时，你会学到各种类型个人故事的创作和编写技巧。凯特·法雷尔在讲故事方面经验非常丰富，在书中她介绍了经过验证确实有效的故事讲述七步法，循序渐进地提示和练习，为每一个想讲故事而且想把故事讲好的人提供了一本指南。

——尼娜·阿米尔　作家教练　注册高绩效教练

《如何写博客》《作家培训手册》《作家创意可视化》等畅销书作者

这位讲故事的大师给我们这些热爱故事力量的人提供了编写故事的七步程序，或者说（正如作者所说的）将我们的故事由稻草纺成金线的七个步骤。我热情地邀请你走进这些充满智慧、鼓舞人心的书页，这些书页中，凯特·法雷尔不仅从多个层次展现自己的智慧，而且还带来其他许多获奖故事家的不同声音和风格。故事大师的这本新书充满活力，极具启发性。

——玛莉·乔·多伊格　《拼布：爱与失落的回忆录》作者

故事圈网络董事会成员　圈子工作小组主席　故事圈书评人

从演讲到晚餐故事，再到婚礼上的祝酒，我们的文化里讲故事的文化无处不在，现在终于有了这本指南，可以帮助任何人创作更好的故事。《故事力》探究了是什么成就了精彩绝伦的故事，讲述了来自不同作家和讲述者的技巧，并提供了一些诀窍来克服讲故事或即兴编故事中的困难。这本指南条理清晰、内容令人信服，就像一个好故事一样引人入胜。

——玛莎·康威　《地下河》（《纽约时报》书评编辑选择奖）作者

一本适合作家阅读的好书！你是否已经准备好讲述（而非写作）你的故事？作为作家，在无数场合你都需要推介自己的著作，描述你是如何进入写作这个行业，或者简单介绍一下自己。《故事力》将帮助你识别出能引起他人共鸣的故事，教授你强有力的口头和书面讲故事的技巧，并帮助你探寻讲故事的独特风格和声音。在作家的书架上，《故事力》占有独特的位置——它能促进你事业发展，从记忆和经验中提取故事，通过讲故事的口述传统寻找新的声音。

——塔林·爱德华兹　历史学家　图书馆馆长　旧金山机械学院作家活动经理

在这本引人入胜的汇编中，凯特·法雷尔深入追溯了地球上最古老的传统之一：讲故事。最重要的是，她带着我们与她一起推动这个传统与时俱进。你会在书中读到已出版作家的精辟言论和他们讲故事的例子，这本身就是一种乐趣，你也会在书中学到如何将自己的故事在纸上、在舞台上、在篝火旁或在餐桌上绘声绘色地讲述出来。《故事力》既是一个工具箱，也是一个百宝箱。你会一次又一次反复回味它。

——玛丽·乔·麦康娜　获奖记者　《风暴前线：二战中的拉丁美洲》作者

故事定义了我们，赋予我们身份，并把我们塑造成如今的我们和将要成为的人。故事将带领我们进入自我的未知洞穴，在那里可能会发现新的黄金——真理的宝藏，给予我们自由的宝藏。这本讲故事的指南会启发你去思考，到底哪些故事塑造了如今的你，哪些故事你可以与众人分享。拥有我们生活的见证者和听众是创造完整的重要部分。《故事力》提供了关于如何将故事和讲故事融入生活的灵感和线索。

——琳达·乔伊·迈尔斯　全国回忆录作家协会创始人

《别叫我妈妈》《平原之歌》作者

如果你正在寻找一本指南提升讲故事的艺术，那就得看看凯特·法雷尔的《故事力》。通过20位成功作家的例子和他们给予的建议，法雷尔向我们展示了这些作家如何成功地将生活事件转化为精炼的、有影响力的故事。每一章都有例子、提示和练习，帮助你选择从童年到成人这段时光中的重要事件，无论是家族秘密还是家族传说，都可以编成引人入胜的故事。《故事力》深入探讨了口述故事的形成原因：自我发现、相互联系、激发灵感、发挥影响和传承家族传统。每个人都会讲故事——《故事力》将帮助你编写、讲述自己的故事，并取得理想的效果。

——安贝·莉娅·丝塔芙尔　编辑　写作教练

《不是我记忆中的母亲》《意外的耶稣怪人》作者

分享自己生活中的故事，最棒的一点就是你本人就是作者。如果能把你的冒险、轶事和记忆编写成令人难忘的艺术形式——使用《故事力》一书中提供的技巧和想法，你就可以做到这一点。凯特·法雷尔手把手地提供指导，鼓励你发掘自己的故事，并随时随地讲述故事，娱乐家人朋友并上台讲述故事。《故事力》展示了如何成功地将创作故事和讲述故事结合起来。

——露丝·斯托特　多米尼加大学讲故事证书项目前主任

富布赖特学者　全美故事家协会颁发的“甲骨文成就奖”终身奖获得者

在《故事力》中，作者凯特·法雷尔回答了这个充满挑战的问题：“我有故事可讲吗？”法雷尔挖掘自己的经验，提供了叙事的小妙招和技巧，以及知名作家的评论和写作范本。例如，从丽萨·阿尔帕那里学习写作游记，或者从玛丽·麦基那里学习创作冒险故事的关键，或者向玛丽莎·莫丝学习打造个人的招牌故事。在这个充满即时冲动的社交媒体时代，《故事力》教会我们放慢脚步，不断反思、设置故事框架，将原始的经验转化为值得分享的故事。《故事力》通俗易懂，引人入胜，将帮助你开启写作生涯并让你持续进行写作。对处在职业生涯不同阶段的写作教师和作家来说，《故事力》都是一个非常棒的礼物。

——玛丽·沃尔姆　《信赖：伊利诺伊州》作者

加州圣玛丽学院英文教授　高校研讨会教授

STORY POWER

故事力

STORY POWER

故事力

[美] 凯特·法雷尔 / 著

张秀旭　何　英 / 译

金城出版社
GOLD WALL PRESS
· 北京 ·

图书在版编目（CIP）数据

故事力 /(美) 凯特・法雷尔著；张秀旭，何英译. －北京：金城出版社有限公司, 2021.6

书名原文: Story Power

ISBN 978-7-5155-2188-6

Ⅰ.①故… Ⅱ.①凯… ②张… ③何… Ⅲ.① 语言表达－通俗读物 Ⅳ.①H0-49

中国版本图书馆CIP数据核字（2021）第 084802 号

故事力

著　　者　[美] 凯特・法雷尔
译　　者　张秀旭　何 英
责任编辑　雷燕青
责任校对　郝俊伟
开　　本　880 毫米 × 1230 毫米　1/32
印　　张　7
字　　数　160 千字
版　　次　2021 年 6 月第 1 版
印　　次　2021 年 6 月第 1 次印刷
印　　刷　三河市祥达印刷包装有限公司
书　　号　ISBN 978-7-5155-2188-6
定　　价　39.80 元

出版发行　**金城出版社有限公司** 北京市朝阳区利泽东二路3号　邮编：100102
发 行 部　（010）84254364
编 辑 部　（010）64210080
总 编 室　（010）64228516
网　　址　http: //www.jccb.com.cn
电子邮箱　jinchengchuban@163.com
法律顾问　北京市安理律师事务所　（电话）18911105819

为了你的故事更有感染力

目 录

前　言

作为女性，我们总是在故事中发现自己。

从人类诞生之初，当我们躬耕田野、收割庄稼、烹饪食物、纺线织布、照顾婴儿和年迈父母的时候，我们把自己、父母和子女的生活编成故事进行讲述。我们分享的故事各不相同，却唱着同一首歌：讲述女人辛勤劳作、嬉笑玩闹、爱恨情仇、生老病死的故事。这些故事充满了痛苦，因为人类的生活总是这样。故事里也充满了欢乐，因为生活也本就如此。痛苦和欢乐像金线一样，交织在妇女饱满、丰富、圆润的生活故事中，从母亲到女儿再到孙女，一代代传下去，让妇女的经历不会被遗忘。

讲述故事这件事对健康有很大的好处。在讲述自己的故事的时候，我们往往会意识到在碎片化的经验表面下，生活的核心在继续。当意识到“我”作为故事讲述者的多面性，出现在故事的多个章节时，我们可以发现在不同场合、面对不同的观众时，我们所创造自我是自相矛盾甚至截然不同的，抓住这些线索，将所有这些章节、所有这些不同的自我编织在一起，形成一个完整的自我。最重要的是，当我们意识到自己就是故事的讲述者时，就会意识到，我们对自我的理解和想象本身就是一个故事。这只是展示我们的经验，构建、重构我们的生活的一种方式。我们讲故事并不仅仅是为了讲述我们的经历。

心理学家告诉我们，认识到这一点具有极强的治愈作用。为了更好理解在混乱的、常常带有威胁性的外部世界中发生的事情，我们人为地创造了参考框架，也就是叙事结构：故事。

有时，我们的故事乐观积极、具有建设性，为我们打开了一个慷慨的、充满爱的宇宙。有时，我们的故事悲观消极，限制了我们的选择，阻碍了我们的行动，扼杀了我们的梦想，反映了一个充满恶意而非善意的宇宙。有时，我们主动定义自己的故事：把自己描绘成足智多谋的人，满怀希望地认为自己能够创造光辉的未来。有时，我们则被动让故事来定义自己：认为自己的过往太过不堪，缺少资源、没有希望、无法掌控外部力量。

必须认识到我们的故事就只是故事，因此可以进行大刀阔斧的重述和修正。在我们成长和改变的过程中，经历必然会给我们带来创伤，认识到这一点可以帮助我们治愈这些创伤。

这非常有道理，你不觉得吗？事情本身和我对事情的讲述之间存在差异，经历和我对经历的阐释之间也存在差异，当我能正视这些差异，我就能瞥见许多创造性的手段，通过这些手段创造自己的生活。我意识到，我的经历就像故事一样，有开始、有发展、有结尾。我的人生，就像所有的叙事一样，由情节、人物、环境、主题这些故事的基本构成要素组成。当我对生活中的各种情节和子情节有感觉时，人物（包括主角我！）的行为就开始有心理学意义。当我明白自己的行为是如何由一个结果引出一个又一个结果时，我就把自己看成是我的经验、我的生活情节的创造者。当置身无序、明显随机的事件中并被这些事件影响，我无法解释其中的缘由，却能将之组成一个有序的存在，我尊重并佩服自己的这种能力。

我们的个人叙事，经过深思熟虑的构建，都具有极为强大的治愈能力。提醒自己曾经去过什么地方，有过什么想法，做过什么事情，我们可以对未来可能思考和从事的事情有更清晰的认识。这个世界似乎有无数的选项和替代方案，我们有权力带着明确的目的在其中进行选择。我们可以选择在人生中激发某些潜能，使之成为现实。我们可以为自己编写故事。

不仅如此，当我们讲述我们自己的故事时，无论过去的经历多么痛苦，我们都会软化老旧的伤疤，慰藉曾经的苦难，抚平疼痛的伤口。在讲述生活的真相时，我们可以清除感染部位，缝合那些裂开的、疼痛不已的伤口——这些伤口让我们变得扭曲，使我们无法实现本来可能完成的事情。在分享真相的过程中，在一起揭开秘密的过程中，我们共同的伤口——女性的伤口——就会被治愈。

讲述自己的故事这个行为虽然简单，所产生的疗效却往往相当显著。更难能可贵的是，这不仅能治愈我们自己的创伤，当分享这些故事的时候，对所有女性的伤口都有治愈作用。这就是为什么讲述故事时，与他人分享这些故事也很重要。这种分享会带来一种近乎亲情和姐妹情谊的感觉。我们明白，在努力成为有意识的、完整的、健康的个人这一过程中，我们并不孤单。我们对自己和自己的生活了解得越多，就越想了解其他妇女的生活——了解与我们身处同时代同地域的女性，了解身处其他时代不同地域的女性。

故事有无穷的魅力。当我向你讲述我的生活故事时，我不必做任何特别的事情——只需原原本本地告诉你生活的真相，包括所有的残缺不全的边角和不尽人意的结局，所有伤痛和治愈的点点滴滴。当你向我讲述你的故事时，我也不必做什么特别的事：只需要倾听、接受、反思，并感到惊讶。一起讲述和倾听，接受和反思，我们就会发生改变。我们一起重新找回这种能量，也就是传承下来的心灵的力量。我们可以用这种能量把自己以新的方式、新的形式进行重新组合。我们可以给自己和他人赋能，修改我们出生时自带的剧本——告诉女性如何走路、说话、思考和信仰的文化剧本。

正如我们在这个 MeToo[①] 时代所发现的那样，讲述我们真实的故事的确能带来变革——不仅能改变个人，而且能改变一个集体、一种文化。了解女性的经历，分享这些经历，我们自身也发生了改变——当我们被改变时，我们也能改变整个世界。此时我想到乔迪·坎托和梅根·图伊最近出版的《她说》一书，真实地讲述女性的故事时，在工作场所和整个文化中会发生的改变。女性的故事从来没有像今天这样强大，故事的力量（story power）从来没有如此清晰地展露在我们面前。

事实上，我们渴望诚实的、有意义的交流，渴望真实的故事所提供的深刻的人与人之间的联系。我们虽然不再每天晚上围着篝火，但对直接面对我们的讲述者还继续给予回应。在过去，往往是家里的女人讲述民间故事，唱歌，回忆很久以前的故事。今天，讲故事的艺术形式出现在很多平台上，今天的故事往往包罗万象，丰富多彩，而且极具个人色彩。现代技术让我们有机会在网络上发表我们的故事（在博客、社交媒体、播客以及作者授权的网络平台上），我们的声音被放大了。

因此，《故事力》这本关于讲故事艺术的入门书，从口述传统中汲取灵感，向每一个有故事可讲的人发出邀请，让他们成为故事讲述者。作者凯特·法雷尔（Kate Farrell）将古老的传统与个人叙事相结合，指导我们在任何场合创作和讲述令人难忘的真实故事。每个主题下面设有相应的故事范例、提示和练习，鼓励我们探索在我们的生活和家人的生活中的重大事件。法雷尔的这本书并不讲解写作的规范，而是邀约了 20 位技艺高超的撰稿人，请他们用不同的

---

① Metoo（我也是），美国反性骚扰行动，是女星艾丽莎·米兰诺（Alyssa Milano）等人 2017 年 10 月针对美国金牌制作人哈维·韦恩斯坦（Harvey Weinstein）性侵多名女星丑闻发起的运动，呼吁所有曾遭受性侵犯女性挺身而出说出惨痛经历，并在社交媒体贴文附上标签，借此唤起社会关注。

声音分享了各自的故事以及创作、编写和讲述精彩故事的秘诀。《故事力》这本手册，挖掘我们自己的故事，找寻故事讲述者的声音，揭秘一门经久不衰、潜力巨大的技艺。

苏珊·维蒂格·艾伯特

《纽约时报》畅销书作家　故事圈网络创始人

苏珊·维蒂格·艾伯特是《纽约时报》畅销书作者，她的获奖作品《至爱埃莉诺》（2016 年），讲述埃莉诺·罗斯福和洛雷娜·希科克的亲密友谊，还有《一朵野玫瑰》（2014 年），讲述罗丝·怀尔德·莱恩和小房子系列书籍的写作故事。她的获奖小说还包括 “中国贝尔斯”系列、“亲爱的大丽花”、“比阿特丽克丝·波特的小屋故事”等神秘小说，以及她与丈夫比尔·阿尔伯特以罗宾·佩奇为笔名创作的一系列维多利亚到爱德华时期的神秘小说。她还写了两本回忆录，《平凡日子不平凡》和 《一起孤独：婚姻回忆录》，由得克萨斯大学出版社出版。她是“故事圈网络”（Story Circle Network）的创始人，这是一个国际非营利性会员组织，总部设在得克萨斯州奥斯汀市，由成千上万的女性组成，她们希望通过日记、回忆录、自传、个人散文、诗歌、小说、非小说、戏剧和混合媒体来记录自己的生活，探索自己的个人故事。苏珊·维蒂格·艾伯特同时还是得克萨斯文学研究所的成员。

经作者同意，前言节选自《来自生活的写作：给有故事可讲的女人》一书的序言。

引 言

说吧，说吧，说出来吧！

宇宙是由故事组成的，而不是由原子组成的。

——《黑暗的速度》，穆里尔·鲁凯泽

讲故事的历史与人类的历史一样悠久。每种文化的古人都会讲故事，以此让生活变得更有意义，记住他们的历史，并从中得到娱乐。从古至今，很多事情都发生了变化，但故事却没有改变。我们仍然对一些最古老的故事耳熟能详，这是因为讲故事和听故事是我们的天性。

在今天这个嘈杂喧嚣、充满高科技、高度自动化的世界里，讲故事不仅非常有必要，而且至关重要。没有故事，我们就无法彼此联系。我们失去了一些重要的东西，我们的人性在技术中消失了。通过其艺术和引人入胜的口述技艺，讲故事提供了一种直接的个人联系，从而填补了社会的重要需求。正如诗人鲁凯泽对此的形象比喻：开口并不容易，就像把一个活物从嗓子里拉出来。

我们的故事并不存在于印刷的书页上，而是存在于我们脑海中储存的图像中。这些画面是流动的、包罗万象的，是对我们经历和梦想的即时回放。故事的力量很强大：故事定义了我们，并创造了构建我们生活的故事。个人故事具有普世性：个人故事照亮了我们的共同点，当我们分享这些故事时，这些故事以令人信服的方式将我们联系起来。讲故事的艺术帮助我们与他人沟通，帮助我们发现自己，并激励、鼓舞我们。通过讲述我们生命中关键的故事，我们邀请人们进行转变。

虽然讲故事是一门传奇般的艺术，但本书直截了当地揭示了创作、编写和讲述故事的基本秘诀。本着传统讲故事的精神，本书中出现了多种声音，因为没有一种一成不变的讲故事的方式。《故事力》收录了 20 位作家、回忆录作者和故事讲述者，提供了一系列技巧，说明个人故事如何丰富多彩、扣人心弦。请使用这本讲故事的指南，在古老的故事世界里加入你独特的声音、智慧和机敏吧！

使用指南

通篇阅读全书，也可以从最感兴趣的章节中挑选。第一章、第二章和第三章包含热门主题，每章三个主题，对每个主题进行深入探讨。这三章采用类似的格式，用相同的图标表示同一个技能，对故事进行解说。第四章侧重讲故事为主，适用于所有的故事类型。第五章探讨了民间传说的丰富遗产，以及这些传说如何影响你的个人故事和风格。

故事创作

这个图标标志着故事的选择——创作过程，以下每个章节都会出现这个图标。它可能会出现在相关主题的故事样本旁边，或者与作者的提示一起出现。如果您对这部分最感兴趣，请特别关注本书中的这个图标。

故事编写

将原始经验打磨成一个精彩的故事是一个匠心独具的过程。这个图标将引导你了解不同的讲述方式，本书中所有故事讲述者都通过这些方式打磨他们的个人故事和解释性评论。本节还包括分析故事的深层含义，详见“意义的层级”为标题的讨论部分。

故事讲述

讲故事的准备工作和讲故事的过程同样重要。

前三章讨论了准备工作，第五章则以图文提示的方式全面阐述了巧妙表达的**七个步骤**。

练习和提示

所有章节都包含提示和练习。每一章都通过不同的主题来阐发讲故事这门艺术的一个方面。通过这部分的提示和练习，你将找到最适合你的风格和目的的故事类型和故事。在这个过程中，你不仅会找到你最真实的声音，而且会找到你最想揭示的基理。

第一章

把稻草纺成金线

当女孩被带到他面前时，国王把她带进了一间堆满稻草的房间，给了她一架纺车，说：“现在开始工作，如果到了早上，你还没有把这根稻草纺成金线，你就得死。”于是那个可怜的磨坊主的女儿就坐在那里……

她一生都不知道该怎么做——她不知道稻草怎么能纺成金线。

——《侏儒皮》，格林兄弟

导语

我们如何将那根带籽的稻草纺成金线，也就是将自己并不熟稔、支离破碎的原始经历，讲成一个让人难忘的故事呢？

无论你是想活跃一场饭局，吸引听众，还是想宴请即将退休的同事，向最好的朋友敬酒，一个闪光的故事会让你被人记住，同时也会让你出场的时刻得到升华。无论是社交还是职业交流，故事的闪光点都为日常交流增添了价值。我们生活经历中的原始素材，如果被打造成一个精心编排的故事，并运用有效的技巧进行讲述，就会变得绘声绘色、富于灵感，甚至激励人心。

的确，我们每天都被成堆的稻草包围着：大量的经验积累，源源不断发生的事件，丰富的感官体验，以及情感上的强烈冲击。我们城堡里的房间已经装得满满当当了。

作为神奇的炼金术士——故事讲述者，我们每个人如何将这些材料纺成金线呢？哪些经历不仅生动、难忘、饱含情感、个人意义重大，而且具有普世价值呢？金线就是一条贯通线，能把听众和读者从更深层次地联系起来——这样对双方都有价值。这些具有持久意义的“金线”故事，不仅鼓舞人心，而且具有启发意义。这并不是说这些故事是严肃或庄重的。一些最好的故事往往是由单口相声演员讲述的。

抓住这条线索，据此讲述你的经历。在求职面试时分享一个招牌故事，或者在约会时分享一个童年故事：个人故事是一种吸引听众与讲述者建立即时联系的方式。当精心编写、娓娓道来地讲述故事时，听众会被你吸引，并且记住你，因为他们已经认同了你。

在这个数字时代，我们大多数人都渴望有意义的个人联系，而现在这已经被即时短信和社交媒体帖子所取代。往往我们的沟通减少到只有随机的标题链接和备忘录留言。这也难怪我们中的许多人感到与社会脱节。

社交媒体平台的问题之一，就是倾向于描绘“过最好的生活”：旅行、冒险、穿着漂亮的衣服享受美食，或者在庆祝活动中满脸微笑的家人和朋友。有一种微妙的竞争，让那些在网络中的有大群追随者的人不那么有成就感——所有的追随都仅仅基于精修的照片和精心措辞的帖子。

但你不一定要过着“刺激”的生活，不一定要靠着异国情调的冒险或美食吸引观众或听众。要吸引听众和观众，甚至和这些没有任何关系。关键的是你给发生的事情赋予的意义——从故事中纺出的金线。这样一来，听众就会看到你提炼的东西——你如何从自身经历中提取让他们能够理解并产生共鸣的真理。

我们所有人都有一个故事，也就是每一个人的人生故事。当人生走到尽头，当我们知道一切事情的结果时，我们可能会更清楚地读懂自己人生故事的意义。我们生活的每一天，不知道接下来会发生什么事情，也就是生活在故事的中间部分，但是情节也同样精彩。如果能在人生路上互相分享我们的故事，哪怕仅仅是为了娱乐，那也是很好的；我们可能会用自身的困境来互相调侃打趣。但很多时候，我们往往不知道该如何开始讲述故事。

所以我们大多都是自顾自地谈新闻、谈天气、谈鸡零狗碎的事情。

有些人似乎天生就比其他人更会讲自己的故事。他们的故事生动、有趣、引人入胜，而且让人信服。当你听他们讲故事的时候，你会被直接吸引进去。撇开个性不谈，一个人之所以能够比另一个人讲述得更好更吸引人，是因为使用了一些能让人集中注意力的技巧。当你学会了与听众建立可信度的基本技巧之后，这些技巧就会成为你的第二天性。这就是讲故事的艺术。

本章将为你提供有效讲故事的技巧，可用于任何场合：员工午餐会、公开演讲、节日聚会或长途汽车旅行等。经常打磨讲故事的技巧，就会讲出一个个耐人寻味、生动有趣、引人入胜的故事。如果你正在练习讲故事的艺术，人们很少会厌倦倾听。他们会停下手中的事情，用迷恋的目光盯着你，当然，只迷恋到故事结束而已。分享自己的故事，也许会成为你的习惯，而你不会对此感到后悔。

把个人经历讲述成故事，整体的构思和框架是关键。形成自己独特的风格也很重要，这样你就知道如何根据表达方式来调整故事内容和结构。如果你的风格是慢条斯理的，你可能会用几个精心挑选的细节来达到最佳效果，剩下的就留给听众想象。如果你是一个快人快语的人，你可能会用更多的想象来美化你的故事。

事实上，我们每个人都是故事讲述者。我们都有过许多难忘的经历——那些我们在内心中反复讲述的经历。我们中的大多数人都曾觉得没有人会听，因为我们觉得我们所经历的，或者我们所知道的，既不有趣也不重要。但事实恰恰相反。我们能与对方分享的东西——通过讲故事分享活生生的经历——是我们最吸引人的沟通方式。

讲故事可以成为贯穿我们生活的金线，将故事讲述者和听众联系在一起。

暂时把自己想象成一个生活家，一个故事讲述者，一个品味自己生活的行家。除了你之外，没有人会完全享受和理解你的生活。除非你告诉他们，否则没人会知道他们为什么要这样做。可能没有人会问你童年的故事，或者要你讲最尴尬的时刻，或者解释为什么直到今天，你在电梯里还觉得恶心。然而，你会发现，假如你是一个小心谨慎的人，讲述你的故事可以让你成为一个迷人的、真实的人。

在特定的时间点通过对话的形式向一个人或一个团体讲故事时，调整听众的情绪是至关重要的。把你最难忘的时刻都收集起来，用故事的形式讲述出来，是参与社交对话的绝佳方式。每当你学会选择、构思和讲述真实的故事时，你在这方面的能力几乎瞬间就得到了提升。你会知道在一个故事中创造兴趣的基本要素，用来延伸或更深入探讨当前的话题。

我记得，在刚成年不久之时，我一直觉得自己的童年很不光彩。

我不想让任何人知道我是在哪里长大的，如何长大的——童年似乎是与贫困、可耻，甚至是落后挂钩的。所以，对童年我只字不提。后来，我认识了一些成功人士，我发现如果刮开他们生活的表象，往往会发现他们的童年也曾贫困不堪，也曾苦苦挣扎着生活。残酷的事实让我明白：大多数人并不是生来就含着银汤匙的。多年来，我的羞耻感已经塑造了我的认知，影响了我的接受能力。所有这些经历都成为我的一部分，成为我人生故事的一部分。

无论你的生活中发生了什么，你都走到了今天。所以从某种程度上来说，你生命中的每一个故事都有一个美好的结局——你在这里讲述它，并以此启迪你的听众。你最悲惨的时刻是值得讲述的，因为你经历过了那一切。就像“唱忧伤的蓝调”一样：当你在唱的时候，你的心情已经好转了。讲故事不仅是讲述过去美好的时光，也要讲述你生命中所有值得铭记的时光。

当你收集了自己所有的故事素材后，你会怎么处理它们呢？首先，你会意识到你的生活充满了乐趣。你的生活丰富多彩，有很多戏剧性的时刻，充满了各种各样的感情：美妙、恐惧、害怕、快乐、欣喜、悲惨和痛苦，还有特殊的物品，比如最喜欢的帽子和破旧的泰迪熊。而原本你还觉得自己的生活很无聊，根本没有任何故事可讲！

接下来，无论是在特殊场合还是在公开演讲中，你可能想把自己的故事融入日常的谈话中。当你练习讲故事的艺术时，会经常用你的故事来证明一个观点或分享一个共同的经历。你的讲话会变得十分有说服力，同时还能让大家开怀大笑——甚至别人会赞誉你聪敏睿智。

童年和成长的故事

从童年早期的岁月开始，记忆中最初的闪光往往珍贵无比。但是往往很难捕捉这样的时刻。如果失去了故事的线索怎么办？这一切从哪里开始？现在又要去哪里寻找？要想了解自己和自己的人生故事，将这些松散的线编织起来，请花些时间认真反思。找上一段空闲的时间，与自己的思想独处。关掉分散注意力的东西——收音机、电视、智能手机和笔记本电脑。认真倾听自己的声音。让你的思想舒适地漫游一会儿，然后试着尽可能地回忆遥远的过去。

唤起你的最初记忆，不要让父母或亲戚告诉你，而是自己去努力回忆。试着修复那段记忆。试着把它想象出来，尽可能多地感知它。专注于人、环境、服饰、气味和温度等细节。召唤尽可能多的触觉。你的袜子是否发痒，你的手是否出汗？回忆你当时的情绪。你当时感觉怎么样？你说了什么？尽可能多地回忆，然后放松，不再回忆。让这些画面渐渐淡出、消失。这是一项艰苦的工作，但却是重要的第一步。

再次重放你对最初记忆的感觉。当你这样做的时候，想想故事该如何开头。如果你要把这段回忆作为故事讲述出来，你会如何开始？你可能会从一些细节入手，比如地点、时间、你的年龄、参与的其他人，以及他们的关系。这样你的故事就有了背景，有了环境，有了人物。继续讲接下来发生了什么。是什么如此吸引了你，有哪些值得回忆的？详细描述这段经历。故事是如何结束的？接下来是最有趣的部分：结论。这个故事对你有什么启示，你从中学到了什么，或者你在讲述这个故事的过程中对自己有什么了解？结论可能不止一个：挑一个。

在你将真实生活故事建成素材库的同时，不妨留出一段时间，静静地思考生活中最难忘的时刻——从第一次最难忘的时刻到现在生活中最难忘的时刻。你对信息的记忆越准确，你讲故事的能力就越强。没有什么比得上一个真实的感官细节。听众能从骨子里感受到它的真实性。

故事创作

记忆和回忆的过程，是我们对逝去的青春岁月的一次内心旅行。我们如何回忆细节，复原对话，重温感情，以及探索做这一切的意义？

当我们进入童年的记忆时，各种画面和感觉像漩涡一样淹没了我们，许许多多的地方、人和时刻，像万花筒一样转个不停。我们如何只盯着其中一个？哪一个是故事，哪一个只是短暂的印象？背景，即事件发生的地点和时间，是讲故事的重要部分，也往往是故事的开头。在讲述我们年轻时的故事时，地点或环境有时会成为最主要的元素。

听众对我们的出身和祖先充满了好奇——不是为了给我们定型，而是为了了解我们的背景，了解影响我们的力量。对我们童年和青年时期的故事尤其如此。对一个地方早期的印象，比如它的文化、语言和天气，是逐渐形成的，往往可以吸引听众更多地了解我们，并与我们建立联系。

想让一个童年的片段独立出来，成为一个故事，需要有足够的实质内容，需要能够回答以下问题：

- 那里发生了什么事情？
- 是否有矛盾冲突，或者有紧张的场面？

- 主要的情节是否随着时间的推移向前推进?
- 是否有其他人物?
- 有没有对话?
- 最后，冲突是否得到解决?

如果你回忆这个片段后还不能回答这些问题，这就不是一个故事，而只是记忆中的瞬间——一个简短的小插曲。

比如，在脑海中对童年故事搜索一番之后，我重点讲述了住在密西西比海湾沿岸生活的一段日子，期间最值得回忆的事情发生在帕斯克里斯蒂安小镇。通过初步的回忆，有几件事情浮现在眼前。

> 有一次我和哥哥去公共码头抓螃蟹，回家时带回满满一桶螃蟹。母亲在桶里装满了水，放在炉子上用大火烧。当水温逐渐升高，我们看着螃蟹变得越来越安静。

这是一段刻骨铭心的记忆，混合着我们捕蟹成功的喜悦与看着沸腾的水“杀死”螃蟹的难受。但没有足够的跌宕起伏，讲不出一个扣人心弦的故事。那些不经意的事件，通常以“我记得当……”开始。在对话中加入这样的小插曲很不错，但不适合讲故事。

请与下面这段记忆进行对比。仔细思考背景之后，这段回忆有足够的元素扩充成一个故事，甚至构建了一个叙事框架。

秘密花园

跟我一起来，跟我一起想象，我们一起进入这个不可思议的花园。在一个星期六，我们这些来自乡村小道附近的贫苦出生的孩子，决定再一次溜进米德莱格特花园——一个禁止入内的庄园。那座大房子面朝墨西哥湾，温和的海风从这里轻轻拂过，从新奥尔良来的有钱人夏天在这里度假。

那天，我们在花园一侧高耸的小竹林里溜达，一路走到了金银花藤前。在那里，我们惯常会停下来，摘下一朵花，捏住花萼拔出花茎，吮吸着花心里甜美的汁液。

确定周围空无一人之后，我们进入了一个做梦都没有想到的地方：一个巨大的日本茶园，里面有石灯笼，有奇怪的动物的雕像，有宝塔，有茶房，有客房，有鲤鱼缓缓游动的池塘，有弯弯曲曲的木桥，下面还有小溪流过。高耸在上的是石阶之上的一尊巨大的佛陀，旁边有两个面目狰狞的青铜守卫。对我们来说，这是最棒的游乐场。

孩子们分散开来，玩起了捉迷藏的游戏。

我是唯一的女孩。我蹑手蹑脚地靠近大房子，找到一个形状不规则的空游泳池。在这里我可以看到房子里通向花园的玻璃门，二楼的窗户黑黢黢的，异常安静。我顺着梯子下到游泳池浅处。池子很大，干燥的水泥地面斜斜地延伸向深处，我开始跳舞：旋转，转圈，跳上几个舞步。我一直望着那些黑乎乎的窗户，想象着有人在那里看着我这个邪恶的孩子。

大概就在这时，看门人看到孩子们到处乱跑，大声吼道："你们这些该死的孩子！给我滚出去！"孩子们在竹林里四散逃开，看门人高大的身躯追在孩子们身后跑。

我躲在池子里，他看不到我。我蹲在梯子旁的角落里，一直数到一百。当一切都安静下来，我从池子边缘偷偷看上去。我的心怦怦直跳，爬出来就跑。没有人看到我冲过宽阔的草坪，穿过枝节横斜的竹林。

现在，许多年后，花园已经消失了，被卡米尔和卡特里娜飓风摧毁了。就连佛祖也从高高的宝座上跌落下来，头断了，身体也摔坏了。能掀起 30 英尺高风暴的卡特里娜飓风，把大房子夷为平地，连带着雕像也一起卷走了。

几年前我去参观时，看到水泥地基裸露，竹子疯长。但现在你知道了枯叶中悄悄流传的秘密：在密西西比海湾沿岸，曾经有一座充满异国情调的日本茶园。在我的记忆中，我仍然蹑手蹑脚地走在花园里。

故事编写

为了打造这个故事，我首先花了好几个小时来提炼我对那天的记忆，我们这些孩子多次爬进隔壁的花园，这只是其中的一次。我闭着眼睛进入内视状态，重走当时的路线，尽可能详细地回忆那段亲身经历，这样故事才会真实。我必须承认，我记得最深刻的是金银花藤，以及在那个空荡荡的大游泳池里跳舞时，害怕大房子窗户里监视的目光——这是一个孩子的回忆。

因为米德勒格特日本庭院独特的文化和建筑，我知道在历史上一定有记载。我想确认我的记忆是正确的，也就是我小时候对花园规模大小的印象是准确的。我在互联网上快速地搜索，发现了许多关于花园的资料：一篇研究论文，一本最近出版的书，以及史密森学会关于美国花园档案库的在线照片库。

那座大佛的确是世界上最大的佛像之一，莲花基座有 20 英尺高。游泳池的外形设计得像一个天然的潟湖，微型雕像雕刻的是古代神像或家庭精灵，旁边的小树林是一丛竹子。我了解到，圣路易斯街后我们居住的平房曾是那栋面向海湾的豪宅的仆人宿舍。这些确切的研究都没有进入我的故事。

尽管如此，我可以肯定，我并没有梦到这个梦幻般的地方——它确实和我记忆中一样宏伟而神奇。我现在知道这是一段生动的、真实的记忆。米德勒格特花园对我的人生影响巨大，得知它惨遭破坏的消息，我感到十分难过。

总的来说，研究为讲述者提供了凭据，进一步验证了童年的记忆。但在编写故事的过程中，研究不能取代直接的个人体验。

意义的层级

当你选择和编写一个值得讲述的故事时，你会发现其中有一些元素和层次，可能一开始并不明显。在选择这个特别的故事并给它取名为“秘密花园”时，我发现，对我来说，秘密这个词有很多含义。

- 花园禁止入内，我们是秘密进入的。
- 除了秘密的记忆和档案，花园现在已经不复存在。
- 这是我秘密的、“羞为人知”的过去的一部分：是遗留在美国南部的童年。
- 它在最近的飓风中被完全摧毁，这是一个大家都知道的秘密，即气候变化对地球的影响。

所以，从这个故事中可以得出各种结论：损失，财富和华丽的无常；无人监管的童年，放飞的自由；气候变化和整个墨西哥湾沿岸社区的脆弱。如果我是一个狂热的园丁，我会在这个故事中找到其他意义。如果我是一个历史学家，我会在从新奥尔良到墨西哥湾沿岸地区残存的法国殖民主义中探索文化的深远影响。

故事讲述

从个人叙事中得出的结论，决定了你将如何讲述这个故事，是适合在社交对话中展示或介绍一个观点，还是适合在家庭聚会时讲起。

无论你要在哪里或以何种方式讲故事，都要做好准备，保留故事最重要的元素。只有把书面的草稿缩减为一连串简单的关键词或图像，你才能在不背诵的情况下讲好这个故事。这就是口述传统的艺术。

为故事撰写提纲，去掉细节内容，保留关键词，标明叙事弧线。

比如，《秘密花园》的提纲如下：

1. 背景：密西西比湾沿岸，新奥尔良附近一个夏日度假豪宅的日本茶园。

2. 人物：哥哥，9 岁；邻家男孩，6 到 10 岁；我，7 岁。

3. 第一个场景，冲突：入园，竹林，金银花藤。

4. 第二个场景，紧张气氛上升：男生捉迷藏，我在空池中跳舞，黑黢黢的窗户。

5. 第三个场景，紧张气氛上升：被赶出来，男生跑了。

6. 第四个场景，高潮：我躲在池子里，等待。

7. 问题解决：我跑开了。

8. 结语：花园仍是一个秘密。

将故事的大纲保存在故事日记中、索引卡或故事板上。

更多讲述和讲故事的工具和技巧，请参见第四章故事地图、思维导图和故事板，以及讲述的基本步骤。

“讲故事七步法”是“文字编织故事项目”的原创方法，对于教育工作者来说这是一种非常成功和专业的训练方法，揭开了讲故事艺术的神秘面纱，将其分解为易于学习的步骤。

练习与提示：童年和成长的故事

故事情节：时间轴

1. 选择你童年生活中的一年，任何一年都可以。以一年为中心，收集帮助你回忆的辅助工具：相册、童年的玩具、那个时间段内的传家宝。

2. 闭上眼睛，回忆当年的画面。让记忆断断续续地随意闪现，然后寻找当年的重要事件。选择一个有问题、有冲突或紧张的戏剧性事件。

3. 花一些时间聚焦在那件事上。看到它，感受它，用你所有的感官感知它，感受你当时的情绪，重温你当时的想法。

4. 把这些回忆勾勒成一个叙事弧线：把第一个场景可视化，把情节推演到最后结束。

5. 在日记中记下故事笔记。使用你自己的笔记符号或速记。使用草图或其他视觉线索，继续开启你对这个故事的记忆。

6. 把这个故事讲给亲密的朋友或亲戚听。当你讲故事时，唤起原来事件中的图像、细节、感知和感受。

7. 讲出来，不要读出来。讲述的时候，故事一定要充分打磨，要有新鲜感和直接感，就像发生在当下一样。

抓住情绪的变化

1. 如果一件事还带着你童年时的感情色彩，那么它必然包含着冲突或张力。

2. 回忆孩提时害怕的时刻。

3. 回忆孩提时伤心的时刻。

4. 回忆孩提时开心的时刻。

5. 回忆孩提时惊讶的时刻。

6. 回忆孩提时有趣的时刻。

7. 回忆你感到快乐、伤心、惊讶或害怕的时刻。

8. 从上面的回忆中抽取一个事件，作为故事来讲述。

9. 当你把注意力集中在那件事情上时，身临其境地再次经历这件事，然后睁开眼睛。

你可能想多次回放这个故事。当你这样做时，试着回忆感官上的印象，感受当时情绪，排练当时的对话。

故事讲述者分享秘密：童年和成长的故事

讲故事的艺术是不朽的、永恒的，能够跨越任何文化。个人叙事，特别是关于童年和成长的故事，以其普世的吸引力可以弥合许多差异。我们可以通过童年的故事了解每个人的共同点、面临的挑战和具有的独特性。以故事讲述者的时间和地点为背景，我们能够代入式地生活在他人的世界里，体验他们曾经的感受。

此外，在选择和创作个人故事时，每个故事讲述者都有自己独到的技巧。没有一成不变的故事讲述方式。在这三个例子中，我们学习到其他作家和故事讲述者、传记作家和散文家是如何创作故事的，如何把一个想法精心编排成故事。当你读完这三种方法及其各自的故事总结时，请在“成长”这个主题下，思考自己发现故事的过程。

故事创作

萨拉·埃特根-贝克，写了一百多篇回忆录和个人叙事散文，其中很多作品获奖并发表在电子杂志、博客、选集和纸质杂志上，包括 WomensMemoirs.com、《保存》杂志、《心灵鸡汤》、《路标》、《双人桌》、《从内到外：女人的真相》、《女人的故事》和《变革的时代：60 后和 70 后女性的记忆》。

筛过时间之沙

萨拉·埃特根-贝克

有趣的是，我脑子里的记忆和时光就像沙漏里的沙粒，都流走了。我常常觉得自己就像一个考古学家，在时间的沙堆中挖掘和筛选，狂热地寻找故事来讲述。像所有优秀的考古学家一样，我学会了耐心，因为挑战不在于筛选到什么故事，而在于发现故事是什么。往往我会选择一个事件或故事，唤起人们的情感，故事要么有一个令人难忘的人物、一个至关重要的时刻、一条信息，要么包含一些普遍真理。最后，我希望我的故事能够超越时间，带来顿悟时刻，对读者产生积极意义。

> 在创作故事的时候，我首先考虑的是故事的背景，事情经过的描述，能唤起人们情感的细节。我介绍了矛盾冲突的主人公，背景是旅行途中，哪怕这次旅行路程很短。我专注于人物的关键特征的描写，让读者深入了解每个人物。我用关键时刻来推动情节发展，创造一个有矛盾上升、有叙事弧线、有冲突解决的故事。我采用对话的方式，力求展现而非讲述故事，让读者深入到故事内部去。

从萨拉创作故事的过程中可以看出，她在创作故事方面很有经验，她努力影响并改变读者或听众。虽然她分享了一些标准的技巧，包括设定环境、添加人物、增加情感因素和对话描写，但她也围绕着旅行的概念来架构故事，展开故事情节。萨拉对旅行、信息和发起深刻的见解感兴趣，这使得她的叙事类似于一个探索。我们可能会预料到，主人公最终会到达一个与始发地完全不同的地方，也许我们也会得到一个与初始预期完全不同的结论。

故事编写

> **车票**
>
> **萨拉·埃特根-贝克**
>
> 童年的夏天是我和我那不拘一格的贝蒂姑姑一起度过的，她经常逼着我做一些不舒服的事情。一个夏天的晚上，她带着我和弟弟去密苏里州吉拉德角外的游乐场。

“你得有票才能坐！”卡尼叫道，“每张椅子只能坐两个人。你们中有一人要独自一个坐。”

“她年纪最大，她单独坐吧。”

我颤颤巍巍地坐在座位上，把安全杠扣紧。摩天轮转动起来，慢慢地越来越快。我身下的大地变小了；摩天轮停了下来，我在摩天轮最顶端。我喘着气，闭上了眼睛。轮子猛地向前一晃，那有节奏的咔咔的响声解放了我的思绪，让我振作起来。当我们停下来的时候，我睁开眼睛，解开安全杠，跌跌撞撞地往后退。

第二天早上，我陪着贝蒂姑姑去上班。她让我坐在手动打字机前，把我的手放在主页键上，示范如何操作。“这是打字机的说明书，按照上面的说明操作。”几天来，我一直坐在键盘前练习，练得百无聊赖。

她递给我一盒明信片，提了一个建议：“为什么不在明信片上写一些故事呢？”

在那个暑假里，我用打字机写了好几个故事。我把打出来的故事带回家，放到一个鞋盒里，贴上“鞋盒故事”的标签。

我早就忘记了鞋盒故事，直到有一天，我在父母的阁楼上发现了一个鞋盒，打开盖子，认出了很久以前自己创作的早已褪色的文字和图像。我意识到，贝蒂姑姑给我的不仅是一张摩天轮的票。她给我的那张票，让我超越传统，超越自己的恐惧，进入充满期待、精神自由、放飞灵感的新生活。

虽然这个故事很短小，我们也能感受到作者发生强烈个人变化的整个过程。作者并没有对关键时刻加以解说，而是通过感官的图像和对话向我们展示。那些不知从何而来的明信片，已经超出了它们最初的目的。这些明信片是一个年轻女孩从性格古怪的姑姑那里得到的一张通向想象力的门票，让萨拉可以冲破传统的桎梏。请注意，故事的细节很普通：摩天轮、鞋盒、打字机、明信片、暑假。这样一些平凡的物品组合在一起，为什么会变得如此神奇，带来巨大的变化，就在于讲述者赋予它们的意义。

我们感觉，萨拉希望我们打开自己想象中的故事盒子，在那些“明信片”上写下故事，描绘出我们生活中难忘的时刻，把它们记下来。这样我们可能会更加清楚自己的旅程：我们曾到过哪里，又要去到哪里。与他人分享我们的故事，不仅是对听众的鼓励，也为我们自己的生活提供了一个新的维度。这个故事发表之后非常受欢迎，萨拉应邀在阿肯色州中小石城的“饥饿艺术家咖啡馆”阅读《车票》这个故事。

故事创作

谢乐尔 · J. 拜兹 - 鲍特是一位奥克兰作家，她的作品在不脱离叙述的前提下，艺术性地成功表达了生活和种族政治的深层含义。她的第一本书是《一元五分：婴儿潮出生者在旅途中的故事》，这本书的评价是“丰富生动的想象”和“让人难以置信”。她最新出版的著作是《奔向 2 点 10 分》，是《一元五分》的后续作品，深入探讨了她在奥克兰的成长历程，以及种族和肤色的内在问题。

谢乐尔 · J.拜兹-鲍特

几乎所有我的自传体著作都采用了短篇故事的形式。在写关于成年的故事时，我的初步考虑是：

- 记忆中哪些关键事件塑造了我，并继续塑造着独特的自我。
- 哪些故事情节、人物和周围的环境具有重要的历史意义，或与历史事件相关，我能记起来并对此展开研究。
- 在短篇小说的范围内，我如何用合适的文字让故事变得丰满起来。
- 我有多么迫切地想把这个故事分享给别人。

我按照上面的原则展开写作。在写作时，我考虑的最重要的一件事是，这些是我的回忆，在我一切准备就绪的时候，我会用自己的声音进行讲述。对于成长故事而言，这一点很重要。如果一个作家讲述的是发生在她身上的真实故事，这就是全部的步骤。在这一切之后，我才从专业作家的视角进行编辑，让故事脉络更加清晰，内容更加丰满。当我完成创作，最后一次阅读它时，如果我因为这些回忆而哭泣、皱眉、微笑或大笑，我就知道我的工作已经做好了。

谢乐尔选择故事的过程说明了讲好个人故事的要素：关键事件、真实性、独特的声音、情感基调。但她的选择还包括另一个重要标准，即历史和社会背景。作为一个非洲裔美国人，她选择将成长过程中的社会问题作为故事的组成部分，而不是忽视这些问题。这不仅为她的每个故事带来了真情实感，也让我们能够认同她的经历，从她的视角看待种族隔阂。她清晰而坦诚的讲述方式，让她成为一个有天赋的故事讲述者。分享个人故事可以为文化沟通和种族理解创造平台，本身就带有无穷的力量。

故事编写

一元五分

谢乐尔 · J.拜兹-鲍特

在 20 世纪 60 年代的美国加州奥克兰，我这个 12 岁的非洲裔美国女孩，总能意识到微妙而严重的种族歧视——这些总是非常明显的。这时，距离奥克兰白人大迁移还有 3 年左右的时间，而在我们家乡曾如火如荼的民权运动此时似乎还余温尚存。

尽管时局紧张，充满未知的变数，但奥克兰仍然是多民族共存，我的同学各种民族背景和肤色都有。我当时最好的朋友是一个白人。她和我忽略了周围发生的变化，我们觉得彼此之间存在一种感情联系，不能被晚间新闻上那些似乎无法相处的愚蠢大人打破。我们一直都是这么认为的，直到有一天我们第一次去看电影，当时她和白人孩子坐在阳台上，我和黑人孩子坐在地板上。到了影院我们才明白，这种隔阂是自发的，我们别无选择。但对于两个朋友来说，这样做是不对的。我们知道不能和对方坐在一起，所以在看电影的过程中，我们一直待在自己的位置上。我们没有考虑过这样做会让我们有什么感受。那天电影结束后她做出了一个决定，

> 永远改变了我和她的生活。基于这段回忆，还有她采取的立场，我创作了短篇小说《一元五分》，这也是我第一本书的书名。

谢乐尔把这个戏剧性的故事缩写成梗概，在结尾给我们留下了一个悬念。但如果我们仔细想一想，就会知道发生了什么，她的朋友采取了什么立场——尽管她用的文字并不多。谢乐尔并没有把最后的结果说出来，但她朋友的无名勇气反而因此更具有冲击力。我们必须走进故事的内部，走进那个时刻，让自己充满同情心或正义感。尽管如此，我还是不得不购买《一元五分》一书的电子版。书上的结局同样很微妙。这让我明白，采取小小的行动也可以是英雄行为，也可以创造改变，勇敢地向朋友伸出援手，可以发生在一个简单的、日常的时刻，可以让一切变得不同。在上面的简介中我还注意到，谢乐尔有效地使用了两种声音：女孩童年的声音和成年后的声音，故事的开始和结尾出现的是她成年后的声音，表明她是故事的讲述者。作为一个富有表现力的、激动人心的讲述者，谢乐尔的短篇小说和诗歌的现场演示被称为“让全场沸腾”也就不足为奇了。

讲故事的主题

在上述两则故事中，让我感到惊讶的是，这两则故事都使用了一个相似的主题，那就是“票”。作为一种文学手段，主题是一种反复出现的具有象征意义的叙事元素，它与作品中的“大意”相通。在这两个故事中，票就是字面意义的票，买了票就可以进入摩天轮或电影院。然而，两个故事的讲述者都重复了同样的模式或主题作为象征：一张票打开了通往更广阔、更宏大世界的大门。萨拉·埃特根-贝克和谢乐尔·J. 拜兹-鲍特相隔千里，彼此都不认识对方。这是巧合，还是必然？

各个不同地方的口述传统中有一些模式惊人地相似，这是任何人都无法给出合理解释的现象。在第五章中，我们将再看看世界范围内民间传说的主题和其他元素。你会惊讶地发现，有一些故事主题甚至原型也出现在你自己的作品中。

从这两则个人故事中，我们受到这样的启发，将**票这个主题**作为自己成长故事的提示：什么时候，一张旅行的车票或活动的门票改变了你年轻的生活？

冒险故事

地球村得名的原因：世界正在缩小。我们的联系比以往任何时候都要紧密：有实时的新闻报道，有远行的便捷方式。但是，我们对人、文化和历史的了解是否在增加？当我们沿着无数人走过的旅游线路、前往遥远的目的地时，我们目睹了这个星球上诸多的奇迹。如果我们不仅收集照片和纪念品，而且还用精彩的故事来记录我们的冒险，我们就能从独特的视角看待我们的经历。分享我们在当地听到的看到的故事，可以弥合不同文化之间的差距，并给听众带来快乐。

在历史悠久的传统中，巡游在各地故事讲述者，通常被称为吟游诗人，用异国他乡的旅行故事和历史故事为主人家或客居的村庄带来娱乐，以换取食物和住宿。早在出版社和社交媒体出现之前，这些说书人就是一个直播网络，他们存在于世界各地：俄罗斯传统的“卡勒基”、非洲的“恩措米”说书人、日本的专业说书人、德国的沿街卖唱者和印度的达喀尔瓦说书人，更不用说讲故事的美国土著人，他们来自克拉卡玛斯奇努克、纳瓦霍、吉卡里拉阿帕切和温尼贝戈等多个部落。因此，您也可以加入这些传说中的吟游诗人的行列，把您的旅程和壮举讲成史诗般的故事，吸引您的朋友和其他人来倾听。

但是，我们如何从旅行或冒险中收集到的数百张照片、视频和图片中创造出引人入胜的故事呢？在一个反直觉的过程中，最好把注意力放在人身上，而不是关注事情发生的地方。用你的眼睛去放大你与所遇到的人或与你的旅行伙伴之间的充满戏剧性冲突的时刻。如果只是展示旅行照片，并在此基础上展开评论，那么故事情节就会变得平平无奇。流水账似的描述何时何地去了哪里，只会让听众感到厌烦：你没有反思自己的经历，没有加深自己的领悟或深化听众的认知。

故事背景可以勾起对童年故事的回忆（照亮故事的发生地点），一个冒险故事之所以值得讲述，是因为它戏剧性的情节和引人入胜的人物。当你回忆旅行中的人时，想想他们的对话，他们说话的方式，他们的个性和风格。即使你没有用上所有的细节，也能选择其中一部分用在故事里。一旦把注意力转移到人身上，而不是地方上，你就会有一个很好的开始。

旧时的吟游诗人讲述充满矛盾冲突的英雄故事，往往采用诗句的形式。**现在没有人期望你用诗句或歌曲来吟唱你的故事，但听众确实期望能从你的故事中得到娱乐，体验惊奇，代入式地生活在那惊险的时刻。**

故事编写

当你搜索有关冒险的记忆时，让回忆在内心的电影屏幕上播放。

哪些人吸引了你的目光？哪些人物——而不是地方——最引人注目？然后考虑是什么让他们如此难忘。可能他们说的话睿智深刻，或许他们解决了危机，或营造了某个难忘的时刻。

回顾你冒险的目的：你为什么要旅行或冒险？如果你能诚实地回答这个问题，你就能为故事讲述找到目的。通常，冒险或旅行的原因是为了拓宽视野，转变视角，对文化获得新的理解，深化对生活的认识，或学习新的技能。如果你旅行就是出于上述原因，那么你的故事就会将这些原因呈现给你的听众。听众想知道你是如何发生改变的——有哪些重要的遭遇值得分享。

要想让一个冒险故事具备讲述的基本要素，请回答这些问题。

- 你旅行中最戏剧性的时刻是什么时候？
- 人物：故事里都有谁？描述一下这些人。
- 谁或什么东西威胁到了你的生命或安全？
- 当时说了什么？回忆当时的对话。
- 叙事弧线是什么：矛盾冲突、情节推进、强化冲突、冲突解决？
- 你学到了什么，或者你提出了什么问题？

如果你的记忆不具备这些元素，那么它只是一个小插曲，而不是一个完整的故事。如果你讲故事是为了混口饭吃，那么注定你会饿着肚子走开，你的听众也没有精神食粮。

例如，当我在回忆中寻找一个惊险的冒险故事时，我把重点放在了厄瓜多尔沿海的加拉帕戈斯群岛的旅行上。查尔斯·达尔文在那里进行研究，进而提出了进化论，这个地方也因此而出名，但这仍然是一个偏远而原始的地方。浮现在脑海中的是下面的这一幕。

一天早上，在 72 英尺长的单桅帆船的船舱里，博物学家导游和我们一起吃早餐。他说有一个惊喜，但我们必须保证绝对安静。我们十个人来到一个无人居住的小岛上，从船舷边跳到海滩上。他示意我们躲在沙丘后面等待。渐渐地，通常在夜间形成的薄雾开始消散，就像拉开了喜剧的帷幕一样，露出了成百上千只鲜艳的粉红色火烈鸟在内陆潟湖中捕食磷虾。它们的头倒插在浅水中，让我想起了《爱丽丝梦游仙境》中的火烈鸟，当时爱丽丝把它们的头当作槌子玩槌球游戏。

毫无疑问，这段回忆很美好，但它是否包含巨大的转变？这段回忆绝对值得用幻灯片来展示，因为有一个迷人的场景。但即使有一些互动和文学参考价值，也没有上升到一个故事的水平。这段回忆没有矛盾冲突，没有戏剧性变化。这个小故事太过愉悦，完全没有任何跌宕起伏的情节。

比较一下下面这个围绕着旅游的人展开的记忆：人物和他们的问题及矛盾冲突具有戏剧性，而岛屿是故事发生的背景。理想的情况下，地点可以成为行动的重要组成部分，甚至由于其象征性或历史意义扮演重要的人物。

1980年的圣诞游轮

“叛逃！”他们一边喊着，一边向我所在的帆船甲板处靠近。

“我们要叛逃了！”我看到四个人从船舱里现身出来，

在黑暗中走在摇晃的船板上。没地方藏身——当我在海风中拉起吊带，我听到他们这样抱怨道。

“为什么在平安夜里我们困在这里不能出去——被我们的博物学家导游抛弃了吗？”艾琳说。

“是啊，所有的向导都把船抛锚了，这样他们就可以上岸参加派对了。这样做是不对的。”她的朋友也一致表示同意。

我们是停靠在加拉帕戈斯群岛圣克鲁斯岛附近的几艘游船之一，这里是地球上最偏远的地方之一，达尔文在这里完善了进化论。

“那么，你们希望我怎么做？”作为他们指定的陪同导游，也是唯一会说西班牙语的人，我不安地四处张望。

“听到那些鼓声了吗？我们要去跳舞！在阿约拉港有一个房顶露天酒吧，还带现场音乐。看看这个！”丹催促我用他的高倍望远镜看一下岸对面。

“好吧，好吧！我去找队长。我去看看是否有人能把我们带到岸对面去。但这可能要花一些钱。”我套上一件夏装，几分钟后，我们五个人乘着马达小艇在学院湾安静的水面上狂奔——队长把钱装进口袋，然后把我们载到一个木头码头上。

在凹凸不平的地面上，我们围着一张小桌子坐在树桩上。在闷热的夜色中，我们喝着啤酒，为我们的叛逃成功干杯。我们交换舞伴，在乐队伴奏声和热闹的鼓声中尽情跳舞。喝了啤酒之后，又开始喝朗姆酒和可乐。俱乐部在午夜前关门打烊，我们走在小岛偏僻的道路上，教堂敲响了圣诞节的钟声。

艾琳在石头上绊了一跤。“哦，不不不，这会儿他正在大教堂里唱歌。”艾琳有一个朋友，和艾琳一起在交响乐合唱团里唱歌，她为这个朋友流下了眼泪。“他永远不会像我爱他那样爱我。”她的哭声刺破了夜的寂静。

“嘘，该去码头跟队长碰头了。”我说。

我们闷闷不乐地走到码头上，等啊等啊。没有人到来——我们又被困住了。

现在怎么办？我知道他们希望我能做些什么。他们四散走开了，这时一个厄瓜多尔的女人走到了码头边，她穿着黑色衣服，留着长长的黑辫子。我结结巴巴地用西班牙语向她打招呼，告诉她我们被困在这里了。

她很害羞，也很善良，低声对我说：“我的丈夫会……会开船。”她的丈夫可以带我们回到船上，我对她表示感谢，向我的队员招手示意。水面上升腾起浓浓的雾气，我努力想听到汽艇突突的声响。悄无声息地在雾气中出现的是一艘大划艇，划船的正是传说中的格斯·安格迈尔——最早在这里定居的人之一，一个在20世纪30年代逃离纳粹的德国人。我想，当我们爬上船时，我应该说了一大堆感谢的话。

当到达游艇时，感谢的言语又不断地从我嘴里蹦出来。

“阿珂！你说得太多了。”格斯笑了。我认为他的意思就是别客气。

回到船上，我去找队长。我在驾驶室里找到了他，那会他正在哭泣，因为妻子和家人都跟他疏远了。他喝得醉醺醺的，心情很糟糕，我也没法骂他什么。我沮丧地独自回到主甲板，思考着晚上的这些事和人类的进化。

渴望是进化的一部分吗？我们是否总是想要我们不能拥有的事物？这就是为什么即使双腿绵软无力，我们也要想方设法到岸上去：因为我们想要更多，因为我们想跳舞，唱歌，恋爱？

或许，我们只是说得太多。

故事编写

为了编好这个故事，我闭上眼睛，思索了很长一段时间，让情节在我的脑海中上演。令我惊讶的是，我几乎立刻就想起了那些人、他们的长相和对话，这件事就像昨天发生的一样。显然，这是一个值得纪念的平安夜。它发生在人迹罕至的荒郊野外，里面的人物脆弱无依，因而增强当时的体验。作为负责人，我留在船上与苛刻的客户一起，这都给我带来不小的压力。这些情感的电流，都让那天晚上的印象越发清晰起来。

虽然我能回想起当时的情景，但我已经记不清确切的地名和背景事实。特别是，我只知道安格迈尔夫妇从纳粹德国逃亡的零碎信息。经过简单的搜索，我发现这些年轻人是在父母的催促下逃离德国的。1935 年，安格迈尔一家卖掉了自己的房子，用卖房的钱购买了游艇，五兄弟乘坐这艘游艇逃离汉堡和希特勒。他们先是去了荷兰，但是，船只在英国海岸遇难后，五人中只有四人到了人烟稀少的岛屿。1937 年，卡尔、格斯、汉斯和弗里茨 · 安格迈尔来到了圣克鲁斯岛，在那里他们像鲁滨孙 · 克鲁索一样生活。弗里茨去世后，幸存的三兄弟憧憬着战后的旅游贸易能发展到加拉帕戈斯。

作为故事的讲述者，了解这些著名的移民的背景故事对我来说很重要。这一点增强了他们的神秘感：格斯，这个了不起的大人物，如何神奇地来拯救我们的，轻松地划着船送我们所有人回家——为什么他短短的几句话有如此大的影响力。同样重要的是这艘帆船的细节，以及这些著名岛屿在历史上的独特地位。但是，一旦相关信息刷新了我的记忆，我就只需在故事中添加一些关键细节，让情节和人物占据主导地位。

意义的层级

这场冒险发生时，人类还只是岛屿上的访客，野生动物友好地出现在这片被时间遗忘的土地上。毒辣的赤道阳光，贫瘠的熔岩地貌，这些岛屿本身就是故事中的一个“角色”。这让我想到了地球上生命的起源，我们这个物种来自哪里，我们将走向何方。在我看来，观察加拉帕戈斯群岛上动植物的进化演变，也让我们开始观察、反思人类的进化。

平安夜在西欧文化的历史中一直非常重要。除了宗教意义之外，它还是一个充满期待的节日。这个故事中的人物感觉受到了欺骗——原本他们期望圣诞游轮会给他们带来节日的快乐。圣诞节所唤起的情感是普世的：怀旧、遗憾、失望——我们还不够好的感觉。尽管这个故事发生在赤道上，那里没有季节的变化，也没有昼夜长短的变化，圣诞节在这个故事里是一个让人不能忽视的存在。

所有这些内容都是这个故事的一部分。诀窍在于你在讲述故事时，要在潜台词里而不是在文本中给故事赋予意义。设定情感基调，就是字里行间流露出的情感。当你反思个人故事，发掘它的层层意义时，你就能在讲述中使用各种不同的语气，透露故事中隐含的意义。

赋予冒险故事意义会影响其风格和语气，以及讲述的方式和地点。完全相同的故事可以用幽默、紧张或反思的语气来讲述。

就像变色龙一样，可以根据不同的讲述地点：在晚餐谈话中，在篝火旁，或者在更正式的演讲中，对故事的长短进行调节，可以像望远镜一样拉长一点或缩短一点。

无论你身处何地，以何种方式讲述这个故事，都要做好准备，只保留故事最精髓的部分。只有把书面的手写的故事缩减为一连串简单的关键词或图像，你才不需要逐字逐句地记忆，就能随口讲出来。这就是口述传统的灵活性。

故事讲述

为故事撰写提纲，去掉细节内容，保留关键词，标明叙事弧线。

例如，1980年的圣诞游轮。

1. 背景：加拉帕戈斯岛的圣克鲁斯岛，1980年的圣诞夜。

2. 人物：船友、船员、岛民、格斯·安格迈尔。

3. 第一个场景：我们的单桅帆船停泊在学院湾时，有一群人叛逃了。

4. 第二个场景：贿赂队长，让他开汽艇送我们上岸。

5. 第三个场景：天台酒吧聚会。

6. 第四个场景：酒吧打烊后，徘徊流泪，滞留街头。

7. 第五个场景：格斯·安格迈尔驾驶着他的大划艇出现在浓雾中。

8. 第六个场景：队长醉酒，在驾驶室里哭泣，对船员的困境浑然不觉。

9. 结尾：回到主甲板上，思考：渴望是进化的一部分吗？

注意每个场景里动作的变化，主要的情节及冲突解决。将故事的大纲保存在故事日记中、索引卡上或故事板上。

参考第四章，找到更多准备讲故事的工具，以及讲故事的技巧。

“讲故事七步法”是“文字编织故事项目”的原创方法，对于教育工作者来说这是一种非常成功和专业的训练方法，揭开了讲故事艺术的神秘面纱，将其分解为易于学习的步骤。

练习和提示：冒险故事

故事情节：人物刻画

1. 根据你的旅行行程，为你的冒险或旅行建立一个时间轴。
2. 精确定位遇到有趣人物的时刻。
3. 用对话等富有表现力的细节来描述人物。
4. 定义这些人物在旅行中的意义。
5. 记下互动和戏剧性情节。
6. 将整个旅行或冒险过程中的这些人列成一个名单。
7. 在故事日记中记下他们的名字或扮演的角色。

情景回忆

顺着时间轴，根据你收集的一些照片、视频或幻灯片，回忆一下当时的情景。

1. 一个紧张、冲突或恐惧的时刻。
2. 回忆另一段恐惧或紧张的时光。
3. 回想一下你不知道接下来会发生什么的另一个时刻。
4. 想一想，你有过迷茫或失落的时候吗？

5. 回忆你受到威胁或当面对质的时候。
6. 想一想，你什么时候被吓到了？
7. 回忆一下你生病或发生意外的时候。
8. 想一想取得成功或获取技能的时刻。
9. 关注一个具备完整故事要素的事件。

当你选择了一个事件后，在你的脑海中多次重放这个事件。重放时，专注回忆画面里都有谁，他们长什么样子，他们说了什么。感受你当时的情绪；确定主要的冲突及其最后的解决。写下故事的草稿，利用关键词和对话使你的故事有形有质。使用第四章的组织工具来策划叙述方式，并为讲述做好准备。

故事讲述者分享秘密：冒险故事

游记作家知道到什么地方旅行并不是故事。无论走到哪里，他们都需要像记者一样思考，挖掘故事；这可能意味着采访当地的人，搜索出一个故事。由于你不是旅行作家，而是旅行者，你很可能会随机遇到一些人。尽管如此，你可以在途中尽可能多去接触他人，探寻他们的故事。

无论你的旅行经历多么美妙，多么富有挑战性，你都会发现没有人想听旅行经历的细枝末节。使用闪亮的聚光灯来回忆那些戏剧性的时刻吧。

你甚至可以在危机发生的同时，关注危机的吸引力，并在移动设备上记下一些笔记或事件。

每篇旅行文章都会使用一个钩子：事件或主题。当你整理你的冒险记忆时，找到这个钩子。在你反思之前，它可能并不明显。如果有一个主题，请按照这个主题来组织故事。**如果听众将你的旅行**

故事内化，与你一起体验事情的真相，最后一起回味，那么他们就永远不会忘记你的旅行故事。

故事创作

丽莎·阿尔派恩是一位屡获殊荣的旅游作家，也是一位舞蹈家，一个野性的女人。她的在线杂志以冒险旅行故事和其他类灵感故事为主题。最近获得的奖项包括：《奥利在巴黎》荣获索拉斯 2019 年最佳旅行回忆录金奖；《科尔察跳甩臀舞的修女》荣获 2019 年最佳幽默铜奖；《上帝、凤尾鱼和弗拉门科居住的地方》获得 2019 年荣誉提名；《糖婆婆和她的舞鞋》获最佳女性旅行奖。故事《鱼贩子雷》获得年度最佳旅行故事索拉斯银奖。

漫游癖

丽莎·阿尔派恩

我酷爱流浪，流浪的经历交织成我的冒险故事，构成了我充满惊险的人生。我总是一个人四处流浪，充满好奇，不断写作。我的背包里没有纪念品，我要分享的是我的故事，我有强烈的欲望要讲述这些故事。通过故事和舞蹈来体验世界一直是我的起点，也是我的终点。这两种艺术形式都是我幸福的源泉。

我建议找到你幸福和激情的焦点。园艺？攀岩？跳萨尔萨舞？满怀激情地围绕着经验的闪光点、精髓、内核去编织你的故事。这团激情的火焰会深深吸引住你的听众。激情富有感染力，能够点燃灵魂。

我在选择故事时使用的其他准则还有：

- 故事发生的时间是否特别？是否与世界性事件或节日有关？
- 我的听众是谁？追求刺激的年轻女性冒险家？喜欢动物的学生？一个具有强烈自我意识或精神导向的群体，需要深刻的、振奋人心的、也许是神秘的故事？
- 讲故事的时间有多长？

丽莎的游记能够获奖，充分说明读者喜欢在冒险故事中感受戏剧性和火热的激情。她不仅知道读者渴望什么，而且知道自己作为一个旅行者想要什么。毫无疑问，带着观察入微的双眼，她敞开了心怀四处旅行。虽然在旅行归来之前，你可能并不清楚故事的听众，但无论面对家庭成员还是专业团体，你都能根据不同的观众对经验的原材料进行调整。

故事编写

鱼贩子雷

丽莎·阿尔派恩

清晨的阳光照射在亚马孙边陲小镇上，我走在通向莱蒂西亚的木质人行道上。蓝闪蝶在雨坑边飞舞，溜达的癞皮狗在一堆鱼骨头上挑来拣去，马蝇在上面成群结队地飞来飞去。

印第安人戴着羽毛头饰和耳饰，皮肤涂成红色，匆匆忙忙地走在去露天市场的路上。他们带着蜘蛛猴、黑凯门鳄、翠绿的金刚鹦鹉，甚至还有一只惊恐地嘶叫不已的美洲虎幼崽，它们要么被绑在柱子上，要么被关在篮子或笼子里，拴在印第安人的土气枪上来回摇晃。

一个上身赤裸的混血儿，穿着破烂的足球短裤，肩上挂着一条 12 英尺长的蟒蛇。他看到了我，还没等我向他挥手，就把蛇缠在我的脖子上，抓住蛇的脑袋让它咬不了人，然后找我要钱拍照。这条爬行动物的重量挂在身上很不舒服，而且有一股蛇尿的味道，混合着蛇身上一股明显的难闻的刺鼻气味。我仔细看了看蛇皮，发现鳞片下有蜱虫冒出来。我感到一阵阵恶心，从蛇的缠绕中挣扎出来。

一阵阵枪声从悬在河边的破旧酒吧传来，掺杂着码头上各种嘈杂的声音。这个小镇以粗暴的方式一下子冲击了我所有的感官，让我想起了耶罗尼米斯·博斯的地狱画。略带咸味的汗水从脸上流下来，刺痛了我的眼睛。我一路走到荒芜的主广场，坐在一棵棕榈树下的长椅上，大口喘着气。我不停抓挠着衬衫下的皮肤，担心有蜱虫从蛇身上跳过来寻找更温暖的寄宿地，想着如何找到雷。他没有留电话或地址，只是告诉我：“当你到了莱蒂西亚，一问鱼贩子雷大家都知道。”

在空旷的广场上有个小男孩正在踢球，我向他招手示意：“你认识鱼贩子雷吗？”

小男孩先是一脸茫然，然后问道：“是佩茨卡得罗·雷蒙多吗？”

他让我待在原地，然后沿着一条小巷跑远了。几分钟后，雷骑着一辆喷着尾气的摩托车出现了，他的妻子和几个孩子挂在他粗壮的腰间，就像挂了一堆熟透的香蕉一样。

本篇节选自丽莎的短篇小说《鱼贩子雷》，发表在小说集《浪迹天涯：一个世俗女人的旅行历险记》中。丽莎说，人们很喜欢其中的很多元素："离经叛道的人物、危险、幽默（通常是自嘲）、动物、异域风情、诗意的结局。"雷是丽莎在哥伦比亚波哥大的第一天遇到的热带鱼商人。他们约定在哥伦比亚的莱蒂西亚见面，计划沿着亚马孙河旅行。这个故事跳过各种感官印象，直接描写最惊心动魄的感受。她用几个关键性的细节巧妙地将我们置于一个陌生的地方——戴着羽毛饰品的印第安人，赤裸着上衣的混血儿，令人厌恶的蛇，这些细节立马让我们感同身受。问问你自己，这一段中最生动的细节是什么？是蝴蝶还是爬行动物？通过对鱼贩子雷的简单描述，你对他的亚马孙河之旅有什么期待？

故事创作

西蒙娜·卡里尼出生于意大利佩鲁贾，现居北加州。西蒙娜写非虚构小说和诗歌，发表过多部书籍和网络作品，她的回忆录和美食著作也曾多次获奖。她的传记小说《蓝色背包》入选了 2015 年出版的红杉作家选集《旅程》，2016 年被加州作家俱乐部《文学评论》转载。

西蒙娜·卡里尼

我要从一个实物写起，这个物品勾起了我许多回忆，让我心潮起伏，让我不由自主地想要讲述关于它的故事。我的初稿是我所知道和所记得的故事，重点写物品的主人公。在我写作的时候没有预先设定写作计划。

在随后的修改过程中，我添加了背景，设置了故事框架，增加了感官上的细节，使之更接近读者的体验，增加了对话让人物鲜活起来。同时，我还注重叙事弧线，即推动叙事向前发展并影响人物的冲突或矛盾。当故事展开时，这些就是让人感兴趣的地方。

我一开始并不会问"这个故事是讲什么的？"这样的问题。但我必须在开始修改之前得到答案，因为在编辑修改的过程中，我保留什么，删除什么，都取决于这个答案。

观众要与故事产生共鸣：这是最后修改时的重点。观众可能有过类似的经历，或认识有类似经历的人，或在整个故事中感受到与讲述者之间的某种感情联系。

西蒙娜的写作过程为我们提供了一种独特的方式来开始个人叙事：从一个物件开始。从这一焦点可以很容易展开一段旅行或冒险经历。发现一件物品，或购买纪念品或礼物，都可以成为一个故事的提示：展示这个物品，然后讲述背后的故事！例如，你找来一个带有千花设计的穆拉诺玻璃吊坠，可以先介绍这个吊坠的历史和制作技术，然后介绍发现的时间：在什么地方发现的、谁发现的、怎样发现的，等等。在购买前、购买时或购买后，关于这个吊坠是否有冲突或矛盾发生？最后，故事的弧线是什么——揭示了这个吊坠的个人意义或象征意义？吊坠花了很多钱，你严重超支了？或者是这个吊坠引起了与旅行伙伴的摩擦？当你分享你的冒险故事时，你可以把这个吊坠作为引子，并为吊坠注入意义。

故事编写

蓝色背包：故事梗概

西蒙娜·卡里尼

我在意大利出生和长大，而与我结婚22年的丈夫罗伯特则是美国人。很多人都会问起当初我们是如何相遇的。他总是乐于讲述我俩的初遇，那是在阿姆斯特丹郊外一家酒店里举行的会议上。他说当他在一大堆参会者的黑色旅行袋中看到我的蓝色背包时，他就知道我是他的“真命天女”，这样的话总是让听众大吃一惊。

当轮到我讲故事的时候，我就从蓝色背包开始讲起。这个背包代表了我的身份——它让我和我丈夫走到了一起，也是我从意大利搬到加州的主旋律。

我的父母对我的决定感到很惊讶，因为我搬到北加州这一举动并不符合父母对我最初的期望。

蓝色背包里装着我的所有家当。无论移民的原因是什么，每个移民都有过为漫长的单程旅行打包的经历。我必须决定要随身携带哪些东西——一件特别的衣服、一只毛绒玩具、我的钢笔——以及要留下哪些东西。

经过漫长的洲际旅行，在抵达新家后，我的准备工作才告一段落。我的新生活开始了，我遇到了一些障碍：我曾经以为自己的英语很棒，到了这里却不够用，而且我对自己的期望很高，所以不知道如何与意大利的朋友开口说起我在这里的情况。在罗伯特的帮助和关爱下，我克服了这些困难。

我心中的美国梦终于实现了，这也是故事的张力所在。我还保留着那个蓝色背包：它和我一起旅行，继续讲述着它的故事。

令人着迷的是，一个普通得不能再普通的背包竟然能装下如此多的个人意义和浪漫。然而，与其他所有的行李箱不同，它特点鲜明：在传统的黑色轮式旅行箱中，鲜艳的蓝色引人注目。即使在这个浓缩版的故事中，我们也能感受到两位冒险家在阿姆斯特丹会议上的温柔邂逅，他们也因此建立了情感的纽带。当西蒙娜将自己所有的物品装进背包，从意大利前往北加州爱人的家中时，流浪者的主题被进一步放大。这是一个移民的追求，不顾朋友和家人的期望，去寻找自己的梦想。蓝色背包的故事还在继续。民间有一个传统，就是故事讲述者所用的故事袋，里面装着代表故事的符咒。所以，作为现代旅行者的你，可沿途收集纪念品——每一个纪念品代表一段经历，这比幻灯片效果更好。

故事创作

玛丽·麦基创作了 14 部小说，包括《骨头村》和《那年骏马来》，描述了爱好和平、崇拜女神的史前欧洲居民击退父权制下的游牧民族入侵者。玛丽的小说曾入选《纽约时报》和《旧金山纪事报》畅销书榜单，被翻译成 12 种语言，销量超过 150 万册。玛丽还出版了 8 本诗集，包括《梦中奔跑的美洲豹》，获得 2019 年埃里希·霍弗最佳图书奖和 2018 年女性精神图书奖。

玛丽 · 麦基

受众意识是你最重要的财富：无论是写个人故事，诗歌，还是小说，我总是有非常强烈的受众意识。我选择那些令人兴奋的故事，这样读者会觉得有趣、信息量大，并能从中得到乐趣。我不愿意写只有自己感兴趣的日记一样的段落。

千万不要让你的读者感到厌烦。我努力使我的故事变得简单。我确保故事保持很好的节奏感，从一个时刻无缝衔接到下一个时刻。我削减不必要的字词，打磨句子，确保不会让听众感到迷惑不解。一旦听众感到迷惑、厌烦，你就会失去他们。

使用具体的细节。笼统的描述枯燥无味，缺少色彩。我非常注重细节，通过生动地描述我所创造的世界来吸引读者。我不会说“蚂蚁从墙上下来了”，而会说它们顺着“一条六英尺宽，几英寸深的黑色的沸腾河流”飘过来。

灾难也可以是机会。永远不要低估将灾难变成故事的可能性。多年来，我发现，发生在我身上最糟糕的事情往往可以成为最好的故事。

玛丽 · 麦基对创作和编写故事的建议十分中肯，首先要建立个人联系。在讲故事的过程中，从一开始现场听众就参与到故事中来。回忆录作者经常向内聚焦回忆往事，这是不适合现场讲述的。日记类的记述在书面表达的时候是很好的选择，但在大声讲述时往往会显得平淡无奇。玛丽认为，一个简单的故事结构，效果最好的是以一场灾难或一个世界的颠覆开始。最糟糕的经历造就了最好的故事：对于旅行或冒险故事来说尤其如此。

故事编写

军蚁之夜：故事梗概

玛丽·麦基

1973年，我说服姐姐和我一起去危地马拉旅行。当我们躺在提卡尔国家公园的一家旅馆里睡觉时，成群结队的军蚁从通风口倾泻而入，顺着墙壁淌下来，形成一条六英尺宽、几英寸深的黑色的沸腾河流，像潮水一样向我涌过来。我尖叫着醒来，其他客人以为有人要杀我，开始敲打我们的门，却发现蚂蚁正向他们涌去。

酒店的工作人员消失了，电也停了，除了进入丛林，他们无处可逃，而丛林里有很多比蚂蚁更可怕的生物。我们退回到大厅，蹲在沙发上，密密麻麻的蚂蚁包围了我们。很快，大蝎子开始像雨点般落下来，它们被蚂蚁从茅草屋顶围攻掉下来。

"雨伞！"一个来自芝加哥的家伙建议道。我们回到自己的房间，抓起雨伞撑开挡住了蝎子，然后再次回到大厅。我们坐在那里，相互依偎着，就像在暴雨中等候公交车到来的人一样。偶尔会有一只蝎子撞到其中一把伞上，弹到门上，然后飞快逃离开，但它还没来得及跑远，就被蚂蚁们围攻了。两个小时后，我们累得几乎直不起腰了。就在这时，一个我不知道叫什么名字的人（但我和我妹妹都不会忘记他），做出了我认为那个情况下最为慷慨的提议。"蚂蚁还没有

> 到我的房间呢，你和你妹妹可以在我的床上睡一会儿，我给你们撑伞。”当我们醒来的时候，他已经不见了，蚂蚁也不见了。

这个故事梗概是遵循玛丽·麦基建议的完美例子：强烈的声音能立即与读者建立联系，一个充满更多危险的恐怖事件，以及具体的细节，让你身临其境。你几乎感觉到玛丽在直接对你说话——她有一些令人疯狂的美味要告诉你。玛丽不仅在她的作品中拥有出色的声音，作为一个诗人，她还巧妙地运用了隐喻“就像在暴雨中等候公交车到来的人一样”，是一个带有荒诞色彩的搞笑画面。我最喜欢的一幕是，无名英雄坐在他的床边，撑着伞遮住两姐妹和他自己（我希望他也遮住了自己），蝎子从茅草屋顶上落下来。这个故事的基调是什么，这个故事可以概括为哪种类型：悲剧、喜剧还是悲喜剧？

考验与挑战的故事

考验会影响我们。无论我们经验多么丰富，事业发展得多好，我们仍然会面临诸多挑战。即使我们已经实现了大部分的人生目标，也不断会有事情跳出来考验我们。我们可能会受到严重打击，甚至被打回原形。虽然考验让生活变得艰难，但却创造了最佳的故事。任何故事的吸引力都来自冲突：越有挑战性越好。我们想知道你是如何生存下来的，你是如何摆脱困境的，以及你学到了什么。

我们甚至可以说，古人口述传统的唯一目的就是要告诉我们摆脱困境的方法，讲述的时候，秉持的信念就是最后的结局一定是圆满的、永恒的、幸福的。大多数民间故事和童话故事中的信息就是为了给我们打气，敦促我们为人生旅途提出明智的建议。善良、怜悯、诚实、谦逊、勇敢、勤奋和坚持都是胜利的关键。这些传统故事让我们在日常生活中看到了英雄的影子，丰富了我们生活的意义。

寓言则希望我们善于倾听，避免最坏的情况，防止灾难的发生。寓言将道德教义融入简单的故事中，其历史可以追溯到史前文学时期。通过各种讲故事的习俗，告知某个村庄或部落在出现麻烦或毁灭之前，停止不恰当的行为。

我们经历的每一次考验都教给我们一个道理，我们希望能从中汲取，避免重蹈覆辙。此外，将我们的经验打造成口口相传的故事，以**现代寓言**的形式分享获得的智慧。

这些金玉良言适用于多种场合，比如在家庭聚会、日常对话、或正式的演讲或表演中都可以引用。

寓言的重点是情节：挑战是什么，你如何应对挑战？要讲述关于考验和挑战的故事，要同时想到冲突和冲突的解决。试回想一下，也许在你年轻的时候曾遇到过这样的情况，你不得不使出浑身解数来处理某种突发情况或化解某次危机。我们听众需要看到一场明争暗斗在不断推进的情节中徐徐展开，你犯了错误，也做出了相应的努力，并设法从中汲取教训。也许这是你希望我们能汲取的教训。最后，阐明故事中的寓意和普世真理。

我们永远不会忘记伊索寓言中《哭狼的男孩》和汉斯·克里斯汀·安徒生著名的儿童寓言——《皇帝的新装》，这两个故事的影响持续了好几个世纪。这两个故事都重视诚实，讲述了伪装带来的严重后果。**想要让你的故事令人难忘，或改变听众的思维或行为方式，故事必须具有戏剧性，并能证明你提出的观点。同时，故事必须是真实的，必须带着真挚的声音来讲述。**

故事创作

生活中充满了挑战——不是所有的挑战都大小相同或类型一致。无论某个特定的挑战对你意味着什么，你都要面对它，并变得更加睿智。每当你讲述这个故事时，你都希望能给人上一堂人生课或道德教义课，赋予他人能力，让他们避免同样的冲突，学会如何解决问题。有些考验是个人的、持续不断的，比如对个人身份的攻击。另一些则是源于外部危机，可能与财务、身体、灾难相关，也可能与受伤有关。

个人挑战

- 回想一下你曾因身份、外貌、性别、种族、民族、能力或背景而受到个人挑战的时候。
- 想一想当时发生了什么，不是简单的一个事例，而是整个事件的全过程。
- 从头到尾重新回想当时的环境、人物和行动。
- 挑战最后是如何解决的？
- 得到的经验教训或寓意是什么？
- 你希望听众听完你的故事后能发生什么改变？

近年来日渐兴起讲述女性变得强大的故事，对社会公众意识和态度产生了深远的影响。当我们中的任何一个人终于能够把自己的个人故事讲述出来时，我们为那些一直保持沉默的人提供了一个平台。我们中的许多人是幸存者，不仅是侮辱，还有攻击和暴力的幸存者。我们很快就意识到，分享个人故事所带来的情感共鸣，往往是我们自身疗伤历程的一部分。

打破沉默需要勇气，但找到一个安全的地方说话，远比留在阴影中要好得多。正如《龙卷风警报：青少年约会暴力及其对妇女生活影响的回忆录》的作者艾琳·史蒂宾斯·瓦尔达诗意地说道：

> “在这个世界上，我不能再沉默了，我要发出我的声音，我感觉到这个声音在我体内回荡，缓慢地向上攀爬，直到四周都能听到它的旋律。”

挑战与困难的考验

我们都听过这句话：“当我在你这个年纪的时候……”下面有这样一个例子。

> “你说这是雪？当我还是个孩子的时候，我们曾经走过八英尺高的积雪，就为了去柴房。”

这样的言论，让听者望而生畏，不置可否。

每当我听到父母或年长的亲戚说这样一句略带贬低语气的评论，并试图让我相信，他们年轻时经历的日子更为艰难，我会觉得自己被轻视了。生活不是竞争。个人面对挑战的故事帮我们认识到，在我们各自的人生旅程中，我们每个人都是英雄。当我们处于对方的境地时，我们可以彼此认同、产生共鸣、为对方鼓掌。要找到你独立面对挑战故事。

- 回想你不得不应对危机、解决困难的某个时期。
- 在这一关键时期，选取几个场景，描述当时面临的问题和挑战性任务。

- 请允许我们通过感官图像和关键细节与您一起体验挑战。
- 记住主要的情节。
- 危机是如何解决的?
- 你学到了什么?
- 你希望通过讲述这个故事，如何改变听众?

避免“告诉”听众挑战对你的意义。如果你通过评论来强调你历经艰难的故事，他们就无法体会到其中深刻的教训，无法代入式地学习。例如，下面这段话全是评论，没有故事元素，整个显得平淡无奇。本来有可能成为一个强有力的挑战故事，却写成了信息量大的散文。

> 孩提的时候，我们经常搬家，一年至少搬一次家。我从来没有一个稳定的家庭住址和学校，总是要不停地结交新的朋友。有时候，我所拥有的一切都要塞在一个儿童手提箱里——我的玩具和书都不能带走。我学会了如何用极少的资源解决问题，并能很快适应新的地方。

不妨对比一下。在下面这个面对挑战的故事中，挑战是慢慢形成的，并随着事件的发展而逐渐推进。

> **1960年，加利福尼亚州库比蒂诺**
>
> “开始了！”高台上的人大声地喊道，谷仓大小的工棚里的每个工人都能够听到这声大喊。随着“哐当”一声响，传送带打开了，第一箱杏子在经过一排水龙头的冲洗后倒

在了传送带上。这些杏子都是从罐头棚外的果园里新鲜采摘的。

我是站在传送带边的第一个人，负责对杏子进行初步处理，当一大堆杏子向我滚来的时候，我一手握着削皮刀，另一只手挑拣水果。一眼扫过去，把小树枝、树叶、青绿色的果子和其他碎片拣出来，扔到左手边的桶里，捡出烂果子扔到右手边的桶里，还不时用刀子削掉杏子上褐色的疤痕或伤痕。

上班的第一天，大约有15个工人站在传送带两边工作。尽管弯着腰，注视着源源不断涌来的杏子，我还是注意到了一个身材高大、皮肤黝黑的男人，他留着铅笔般细长的胡子，穿着修身的卡其裤，站在我们身后的壁架旁边。

第二天，就只有7个人来上班。我是第一次来做这个季节性的罐头工作，根本不知道工头和领班小姐昨天观察了工人的速度和准确性，只把动作最快的工人留了下来。早晨休息时，我从拉丁裔同事那里知道了昨天的事。现在我是传送带边唯一一个盎格鲁人，也是唯一会说英语的人，这一点我很自豪，因为这个工作需要经验才能通过考验。我重新系上那条溅满水花的塑料围裙，准备再次证明自己的价值，赚取大学二年级急需的学费。

第三天，我醒来的时候，浑身肌肉酸痛，手臂上也因为溅到酸涩的水果汁而起了疹子。一想到要面对那无穷无尽的杏子，我几乎就无法忍受。

母亲站在卧室门口，知道我起床晚了。“明天起床会更难。”她用平淡的语气说道。

不需要更多的提示，我飞快地准备起来。我拿起洗干净的塑料围裙，踏上通往罐头棚的一英里长的路程。穿过史蒂文斯克里克路，很快我就顺着穿过果园的碎石小道一路跑去，跑得气喘吁吁。当波纹铝棚出现在眼前时，我看到领班小姐正在谷仓门外等我。她笑着说：“我还在想你今天会不会不来呢。”她把计时卡递过来让我打卡。

第四天，我准时出现在传送带边，准备工作。就在传送带启动前，我看到旁边一位葡萄牙妇女在比画十字架的手势。她告诉我，她感恩有这份工作。惭愧之余，那年夏天，我再也没有在罐头棚里迟到过。

当最后一箱杏子被采摘并装罐后，工作就结束了。

电话里有女声问我：“你想来利比罐头厂工作吗？”我本来也很想去桑尼维尔的利比罐头厂做西红柿罐头，但那里离库比蒂诺太远。因为他们的邀请，我的心中也充满了骄傲，因为他们认可我为工友，在高强度的季节性罐头厂工作的工友。我已经跻身一流的行列！

库比蒂诺的杏园早已不复存在；罐头棚所在的地方现在是苹果公司的世界总部——苹果园。但那些在传送带上度过的漫长夏日，给我带来的不仅仅是金钱上的报酬。我学会了持续地努力工作——而且我相信自己能做到这一点。

但我一口都没有尝过那些杏子。

故事编写

为了写好这个故事，我从故事的中间开始写，也就是从工作节奏非常快的罐头棚开始写起。故事的起因源于父母的警告，说除非我在那个夏天赚到足够的学费，否则就不能在大学继续学习，但我并不是在故事的开头交代的这一点，而是将工作的动机嵌在后面的叙述中。我面临的第一个挑战是学习如何一直保持高强度地工作。我还决定使用一个简单的故事结构，给工作的日子编号：一、二、三、四。很有可能我坚持不了多久，所以每一天都是一个里程碑。倒计时的结构也让我更容易把故事背下来。

社会飞速发展，我们的过去与历史有很多交集，所以我想把这个夏季故事放在旧金山湾区充满传奇历史的背景中。这种转变是再戏剧性不过的了。圣克拉拉谷那里有数百个果园，现在成了举世闻名的硅谷——从开满芬芳花朵、美味可口的果树，到推动全球技术发展的小小芯片和数字设备。

在我的研究中，我发现西班牙人早在 18 世纪初就在圣克拉拉教堂种下了第一棵杏树；到 1919 年，山谷里有数百万棵果树，其中杏树 66.5 万棵。到了 1960 年，由于战后加州人口迅速增加，果园被夷为平地，建成了居民住宅区。有一本书叫《加州杏数：硅谷失落的果园》，感叹圣克拉拉谷曾经是世界上最大的杏子生产地，并以怀旧的故事来纪念那片失落的果园。

十几岁的时候，我并不知道 1960 年那个富有挑战性的工作已经消失了。然而那年夏天，我的道路却跨越了变化的鸿沟。我从一个新的住宅步行去上班，穿越了一条主路后，仿佛进入了另一个时代。在 21 世纪中叶，山谷是一个竞争经济的棋盘。

这种历史背景帮助我理解了暑期工作消失背后的经济力量。这一点让故事更加真实、更接地气，也验证了我每天从郊区的开发带到乡村果园的穿越。

意义的层级

当你选择并编写关于挑战或困难故事时，你很快就会发现有一些不易察觉的因素。毕竟这是一个重要的故事，具有深刻的个人意义。当你考虑与他人分享故事时，要揭示其中的其他方面。这将加深你对故事意义的理解，并有可能改变你和他人。在选择我青少年时期的这个挑战故事《1960年，加利福尼亚州库比蒂诺》时，我发现有很多原因导致了这个结果：

- 它发生在加州迅猛发展的年代，也就是大批移民涌入的20世纪五六十年代。
- 文化/阶级交叉——我接受移民的工作。
- 引入季节性作物。
- 郊区和农村社区的交汇点。
- 我从拉丁裔城市得克萨斯州圣安东尼奥搬到白人居住的加利福尼亚州库比蒂诺郊区。
- 火线考验，介绍工作对体力的高强度需求。
- 增强了对西班牙语和葡萄牙语的理解。
- 卡车司机组织的工会商店的价值。

我不仅学到了坚持不懈和努力工作的内在价值，还站在了整个20世纪六七十年代文化和政治对抗的边缘：农场工人罢工、富裕郊区的青少年离家出走、反文化革命（counterculture revolution）和大规模的政治抗议。最后，一个不可思议的讽刺就是，苹果科技帝国在20世纪90年代初的百年老果园中蓬勃发展——科技革命的开始。肥沃的土地孕育了真实的果实和数字的果实。

所有这些线索都是原材料，与个人故事交织在一起，将个人与历史联系起来，把文化和社会联系起来。**当你讲述个人的挑战故事时，你会发现这些故事通常与社会和历史联系在一起。**

故事讲述

当你开始理解挑战故事的意义时，无论是对你自己还是对其他面临类似挑战的人来说，都加深了对故事意义的认识。当这种情况出现时，你会发现自己会在不同的环境下讲述这个故事，或者为了达到某个特定的目的，比如提高社会意识，而讲述这个故事。

当你回顾故事中事件发生的先后顺序时，用一个简单的提纲记下关键的词和图像。这样一来，每次你都能用新的方式讲故事，而不是照本宣科。你会根据不同的情况加以变化，让每次讲出来的故事都引人入胜。

为故事撰写提纲，去掉细节内容，保留关键词，标明叙事弧线。将故事的大纲保存在故事日记中、索引卡上或故事板上。

1. 背景：自动化罐头大棚，杏园。1960 年，加利福尼亚州库比蒂诺。

2. 人物：我、移民工人、工头、领班小姐。

3. 第一天：15 名工人在传送带边分拣杏子。

4. 第二天：挑选出 7 名效率最高的工人——只有一名英国人。

5. 第三天：浑身酸痛，出疹子，不愿上班，母亲劝说，迟到了。

6. 第四天：积极、准时、谦虚。

7. 第五场：杏子收成结束。

8. 第六场：被认可为工友。

9. 结果：持续地勤劳工作、守信。

在第四章中，你会发现更多展示故事元素的工具，比如故事图或故事板。你还会发现演讲的技巧。

“讲故事七步法”是“文字编织故事项目”的原创方法，对于教育工作者来说这是一种非常成功和专业的训练方法，揭开了讲故事艺术的神秘面纱，将其分解为易于学习的步骤。

练习与提示：考验与挑战的故事

提示：个人挑战

选择一些富有挑战性并最后得以解决的事件，这样其他人可以通过反思、教训或从故事的寓意中学习。

个人背景

1. 在你的个人生活中，是否有一段时间内你处于危险之中？

2. 你是否曾感觉到自己的人格受到来自家人、朋友或同事的攻击？

3. 你是否担心自己在个人关系中的安全？

4. 你在家庭生活中是否经历过创伤？

5. 你是如何解决这些问题的，你从中学到了什么，或者你希望听众从中学到什么？

公开场合

1. 在公共场合或工作中，你是否有被质问、被侮辱、被攻击的经历？

2. 是否有在公共场所，你感到脆弱和害怕，却又逃过一劫——险象环生的事件？

3. 想一想你在公共场合被轻视或羞辱的时候。

4. 有没有你感到歧视的事件？

5. **你是如何解决这些情况的，你从中学到了什么，或者你希望听众从中学到什么？**

提示：危机或困难的挑战

1. 你是否曾有过幸福岌岌可危的时候？

2. 在你的人生中，你是否在某些时候必须竭尽全力才能成功？

3. 你是如何度过危机的？如果化解灾难的？

4. 你是否经历过持续时间较长的危机？

5. **你是如何解决这些问题的，你从中学到了什么，或者你希望听众从中学到什么？**

故事讲述者分享秘密：考验与挑战的故事

在当代社会，许多曾经默默承受个人挑战的故事现在开始被讲出来。以前往往很难听到这些故事，因为有时这些故事会遭到抵制。例如，在过去的几十年里，关于家庭暴力、性侵或虐待儿童的个人叙事受到系统性的压制。打破沉默需要勇气，然而所有人都可以从他人受到虐待的经历中学习。如果我们能够秉持负责任的态度公开分享我们遭受痛苦和经历考验的故事，我们就能帮助创造一个更有同理心的社区。

两位故事讲述者经历了独特而又相似的事件。阅读他们的故事有可能改变我们的行为，同时他们通过讲述可以释放曾经经历的痛苦。

故事创作

迈克尔·温是一个非同寻常的残疾人作家，他一直在新墨西哥州生活和工作。他一生中大部分时间都在致力于唤起人们对家庭暴力的关注、维护残障人士权利，防止性侵，争取性少数群体权益。他的出版物包括《墙上的身体》（诗歌）和《夜莺的哭泣：作家对家庭暴力说不》（共同主编），署名都是迈克尔·温。他的诗歌和散文也被广泛选编。

我讲故事的过程

迈克尔·温

当我想起一个故事时，我会在脑海中想象故事的发生，我记得故事的背景、人物、对话、情节，记得故事从头到尾都是怎样发生的。然后，我试着为这个故事设定一个框架，把所有的事情都联系起来，给故事设立一个弧线或主题。几乎总是会出现一些东西。在开头会有伏笔暗示故事的结尾，或者恰恰相反：故事的开头让结尾出乎读者的预料。前面的故事读起来似乎四平八稳，结尾却让人大吃一惊。但如果你不注意，如果你漏掉了某一瞬间，故事就会不完整。

不过最重要的是，当我讲故事的时候，我说的完全是真话。我确保我说的都是真实的，确实发生过的，没有任何虚构的部分。经常我的故事有些沉重，有些人因为各种原因无法讲出自己的故事，但是我可以，而且我想把它讲好。

我们可以用自己的故事改变思想和心灵。这就是力量。我不会滥用这种力量。

从迈克尔·温多年来所做的宣传工作来看，他的故事显然是想改变现状，用诗歌和散文的方式创造一种代入感。他希望你能通过他的眼睛看到这个世界，并通过这样做改变你的视角。

故事编写

帽子

迈克尔·温

在我的家乡新墨西哥州拉斯克鲁塞斯，我有过一次不愉快的遭遇，让我感到人情冷漠。

我和一个新来的年轻朋友去一家餐馆吃午饭，我想更好地了解她。我们的服务员瑞克很不错。给我们端菜上来的服务员也很好——一个化了妆的年轻同性恋者。他记得我以前来过，很是热情地招呼我。我们吃了饭，付了钱，还留下来聊了一会儿。然后，就发生了这件事。

我正好戴了一顶印有LGBT（性少数群体）标志的帽子，我出门时也没有注意到这一点。黑色球帽上面的这个标志很显眼。我和朋友说话的时候，后面座位上的男人站起来要走。这是一个高大的银发男人，他站在过道里，头上戴着一顶军人的球帽。我注意到了这一切，因为他一直用锐利的眼神地盯着我。他身板笔直地站在我身边，整理了一下自己的帽子，然后说道："帽子不错。"

这句话本身倒没有什么，就是说话的语气，还有面部表情，身体语言和姿势，没有任何一处对劲。他走远了。我对我的朋友说："我感觉他一点也不友好。"她说，"是的，是的，我也觉得非常不友好。"

我已经很久没有感受到那种公开的敌意了。那就像一把冰冷的匕首插在我的胸口。

仇恨很伤人。

这个故事之所以听起来让人感觉难受，部分原因在于迈克尔是一个高明的作家。迈克尔将事件定格在一个目击者的角色上，这使得故事比情绪化的发泄或咆哮更有效。我们看着情节展开，但是故事却被定格在开头和结尾冰冷的感官画面上。痛苦可以如此轻易地、随意地施加，这就是行走在现在这个社会中的恐怖。中午在一家热情洋溢的小餐馆里吃午餐，迈克尔曾经光顾过这家餐馆，因此这次人身攻击更加让人猝不及防。你觉得这个故事的哪一部分最能打动你？这个故事对你有什么影响？

故事创作

丽莎·毕晓普，毕业于圣何塞州立大学图书馆和信息科学学院，与一群富有开拓精神的教师一起复兴了旧金山联合学区（SFUSD）学校图书馆项目。她是美国作家协会和美国学校图书馆员协会的成员，也是会议主持人。她还积极参与书本艺术协会的活动，鼓励学生写自己的故事，辅导学生参加埃兹拉·杰克·济慈书本制作大赛，她的学生在比赛中多次获奖。当要求她写个人挑战故事时，丽莎说下面这个故事“击中了她的脑袋”。

故事编写

你是上帝吗？是我，嘘！

丽莎·毕晓普

“来来来，姑娘们，都过来。想要一份工作吗？”她的脸从密歇根州普利茅斯小镇当地餐馆的外卖窗口里伸出来。她晃动着食指，招手示意。她给我最好的朋友瓦妮莎和我一美元的时薪，这在1976年是很不错的报酬。

在餐厅工作后的一个周末，我在著名的哈德森百货公司的年度大减价促销上，发现文胸在打折。我买了一种新式文胸，今天我们称之为“运动文胸”：只有一块布料，没有挂钩，没有垫子，没有带子，也没有任何缝线。文胸的质感不错。于是我穿着这个文胸去餐厅工作。我的工作服是白色的棉质上衣，黑色的裤子，还有一条围裙。

我听到老板爱丽丝在我身后嘶吼道：“你看起来像个轻佻的娘们！”

轻佻的娘们？我以前没听过这个词，但我知道这不是恭维。听起来像是我以前听过的荡妇或者妓女这些词。我不明白怎么会有人注意到我的新文胸，围裙遮住了我的上衣。但爱丽丝的侮辱，以及她那尖锥子一样的脸，还有那梳在脑后喷着香水的头发刺痛了我，这种痛一直伴随着我的一生。

胸部在初中是个大问题。六年级时，我们几个人读了朱迪·布卢姆的小说《你在那里吗，上帝？是我，玛格丽特》，书中的人物说“我们必须，必须，必须增加我们的胸围，越大越好，毛衣越紧越好——男孩们就靠我们了”。我们组成了一个“小小乳房委员会”。

我目前在中学任教。我对年轻女孩面临的身体形象压力非常敏感。我很清楚应该如何对这些容易受影响的年轻女性说话，也知道**言语确实很伤人**。

“轻佻的娘们”这个词听起来很是恶毒。这是一个陌生的、古老的词，对这个年轻的少女来说显得尤为陌生——丽莎自主地将“轻佻的娘们”与其他贬损的词联系在一起。在青春期这个脆弱的年龄阶段，她对性别的认识才刚刚形成，这样的言语引发了许多自我怀疑。这种侮辱一直伴随着丽莎的一生，这说明她本人对此感到多么震惊和痛苦——比挨了一个巴掌还糟糕。

当年，丽莎在她提到的那本经久不衰的书中找到了滑稽的安慰，那是朱迪·布卢姆的青春小说故事，讲述了一个拥有“小乳房”少女的故事，丽莎和她的朋友们对这个故事都深有同感。丽莎在故事的标题中呼应了这个虚构的小说。于是这个故事就设置在少女心事重重的青春期的大背景下。这是请求关注女孩们在青春期这个稚嫩阶段里身体发育的敏感性话题。“你在那里——为了她们吗？”丽莎在标题里用了一个类比进行提问。这并不奇怪，丽莎是学校的图书管理员，她在中学图书馆里推广识字、图书和学生的故事。

讲故事的主题

这两个故事都是以美式餐厅为背景，而美式餐厅在任何一个社区都应该是一个安全的空间——是美国人客厅的延伸。“来这里的都是朋友”是邻里餐厅的共同座右铭。对我来说，很了不起的是，虽然故事讲述者迈克尔·温和丽莎·毕晓普生活在不同的时区，都不知道对方的作品，但他们却重复着相似的模式：餐厅的环境、随机的侮辱和个人痛苦的相似寓意。

这种主题相同的现象经常出现在口述传统中：来自遥远文化的故事中有相同的元素。一个主题重复出现的时候就具有了意义，具有了与故事中的“大意”相当的象征意义。在这两个故事中，我们看到了我们的文化正在慢慢消化理解某些东西的敏锐意识：曾经被接受的东西可能再也不能被容忍了。当街发出嘘声、对异己者进行伤害性的侮辱都会带来相应的后果。社交媒体上的主题标签活动和在数字平台上讲述个人故事，让我们对日常互动更加敏感。

迈克尔和丽莎都希望我们能听到并感受到在共同的社区空间中所受的侮辱，并将其内化。他们在故事的结尾用几乎一模一样的文字写下了类似的寓意。**仇恨很伤人，言语很伤人。**这两份不同的文稿都不由自主地分享了这个基本信息，让这两则个人故事成为我们这个时代的现代寓言。

世界范围内的口述传统中存在着很多类似的模式，人们无法对这一现象给出合理解释。在第五章中，我们将再看看民间传说遗产中那些共有的主题和其他元素。你会惊讶地发现，在你自己的原创故事中能找到相似的故事主题甚至原型。

故事创作

李·戈夫是“雷霆三部曲”的作者，同时他还是商人、企业主、丈夫、父亲、祖父和朋友。他受过正规教育，曾获得英语和金融两个专业的本科学位和一个研究生学位。李是一名职业军人的儿子，他成长的家庭环境很健康，双亲都很慈爱。

李·戈夫

从人类第一次围坐在一起，就开始使用故事了。

篝火晚会通常是为了教导某些东西，给予警告或道德训诫，抑或对过去的行为进行总结。在某些时候，人们讲述故事想要以此影响他人：“让我来给你讲讲当我……”听故事的人有可能接受故事中的训诫，也有可能拒绝接受。不管是哪种情况，故事讲述者必须担当某种责任：因为故事包含讲述的目的。在写任何一个短篇故事或小说之前，我都会问自己：“我想表达什么？”从一开始，我会非常主动地、有意地避免让读者产生与我相同的感觉。我的责任是写出一个故事，让故事可信，能反映相关的主题，然后让读者的情感筹码落在可能落下的地方。如果读者听完故事之后能进行深入的思考，我就成功达到了我的目的，那就是娱乐——让读者从他或她需要逃避的任何事情中逃脱出来，哪怕只是短暂的一段时间。

在如何选择故事的过程中，李·戈夫表现出对信息而非讲述者的尊重。他的艺术创作意识与传统讲故事者相似，他们放下自我，让故事成为中心舞台。例如，当古代的游吟诗人拿起竖琴或里尔琴朗诵或演唱一个许多人都听过的故事时，她或他并不是焦点。就像交响乐团中的黑袍乐手一样，讲故事者是无形的，而故事却以其引人入胜的现实寓意充满了整个大殿。每个听众都认同它，因为他感同身受。这种客观的不干预法似乎与当代讲故事者的做法相反，他们希望我们对他们的经历能够感同身受。然而这两种讲故事的方法都同样有效。一旦故事框架和情节先后顺序确定下来，叙述者就可以承担一个中立的角色，这样故事本身就可以产生强大的影响。很明显，李的故事是选取了一个教训，而且带有明显的目的——故事与现实相关，令人难以忘怀。这就是传统的讲述方式。

故事编写

零权利：故事梗概

李·戈夫

“戈夫先生，你一点儿教训都没学到。你是真心觉得自己比别人强。”

法官敲了敲法槌，看着我，然后说，“戈夫先生，欢迎来到德州监狱系统。缓刑撤销。”

那时房间里的空气似乎被完全抽离，我注意到这一点，是因为我害怕得无法呼吸。我的清白无关紧要。

紧要的是，当一个人行走在人生道路上，他觉得自己可以掌控万物，觉得自己勇敢，可以面对任何事情，更糟糕的是：他觉得自己是“不可触碰”的商业圈和社交圈的一员。说害怕都是轻描淡写，事实上，我惶恐不安。

但生活教会人不要表现出恐惧，对人性的理解足以让我明白猎食者会捕食弱者，我意识到自己必须表现得很坚强，少言寡语，不跟任何人对抗，避免冲突。

在监狱里我找到了自由。我倾听他人的生活故事，承认我对人的评判是不公平的。我傲慢而又觉得自己高人一等，这使我并不比许多在狱中遇到的人好到哪儿去。我发现善良也可以成为一种力量；不管他们的种族和背景如何，我辅导他们取得高中学历，帮助他们处理法律问题，帮他们给家人写信，这些人对我充满感激。有人告诉我，我是第一个尊重他们的白人。我发现，简单的帮助行为就弥合了我和他们之间的鸿沟。

我身处地狱，却找到了天堂。在黑暗中，我发现每个人身上都闪着光。以罪犯的身份，我发现了我可以成为的最好的人。而在这所有的一切事情中，我发现我可以面对任何事情。

李·戈夫在讲述中始终本着自谦的风格，在这个故事中努力解决傲慢与同情这个古老的冲突。这种冲突随着女法官挥舞法槌的一声巨响刻意地开始了。李讲述了一个充满挑战的局面：一场审判夺走了他的特权。

他利用自己的背景优势，与其他囚犯分享，这既是对他的褒奖，也是他的出路。他不仅在磨难中生存下来，还从磨难中获得了力量。这些都是民间故事的经典元素：英雄历经危险的旅程，最终获得胜利。

根据约瑟夫·坎贝尔的说法，英雄历经磨难后，改头换面回到家中。他成长了，学到了很多东西，面对了很多可怕的危险，甚至死亡，现在期待着新生活的开始。最后的奖赏可能是字面上的意思，也可能是内心的成就——不管是什么，奖赏代表了三样东西：改变、成功和磨难对他的影响。英雄回到了最初出发的地方，但一切都再也不一样了。

所以，当代的个人故事与古代故事的主题和事实是相呼应的。尤其是关于困难和挑战的故事，更是如此。

纺金线

在本章中，我们演示了如何将经历中的原始材料整合起来，并将其加工成故事。几位撰稿人和我分享了如何围绕几个主题选择、创作和编写令人着迷的个人故事的秘诀。当你把讲故事的艺术内化后，你会用相关的技巧开始实验，并找到适合自己的方法，或者创造出新的技巧组合。

本章所列出的三个主题经常被选为个人故事的主题，但还有许多其他发人深省和非常有趣的主题。例如，学校教育这个主题可以立即引起冲突、幽默和紧张氛围，创造出令人难忘的人物和情境。

虽然把原始的想法编织成故事的手法多样，但构成每一个成功故事的基本要素都几乎是一样的：

- 故事背景。
- 人物。
- 冲突、矛盾。
- 随着情节发展而展开的叙事弧线，强化冲突。
- 情节中的感官形象。
- 情节中的人物对话。
- 冲突的解决。

此外，我们还示范性地做了一些研究，在每个故事中剖析意义的层级。这是故事讲述中的关键性材料，能给你和听众带来些改变。

不明说而透露的东西越多，故事就越能影响他人。在戏剧中指的是潜台词；在书面回忆录中就是指作者的评论。现场口述讲故事时，故事中复杂的深层含义是用语气、情绪、声音、手势和情感来传递的。

在讲故事的过程中，我们已经通过创作和编写织好了第一条线，但真正的魔力是在现场讲述中发生的。当然，当你在书面作品、日记、自由写稿、故事大纲或故事板中专注于自己的生活经历时，你会发生改变。当你选择和打造你自己的故事时，你在较短的时间段内完成创作，对自己了解得更多，也领悟了生活的核心教益。

只有大声讲述你的故事时，讲故事炼金术才算完成。那是发生转变的时刻。

把你的故事讲给现场观众听，即使是在私下对话中讲述，也是最大的改变点。你不仅通过分享智慧——表现出对个人而非大众媒体的尊重，对现场联系而非数字链接的尊重——为社会话语做出了贡献，而且你还与现场观众之间进行动态对话。在某些时候，你们是在一起讲故事，为故事增加意义和维度：故事不断地丰富、不断地发生着变化。

第二章

故事的构成

构成我们的东西也就是构成梦幻的材料，我们短暂的一生，前后都环绕在沉睡之中。

——《暴风雨》第四幕，莎士比亚

导语

在生命的许多阶段，我们总是不断地刷新对自己的认识。然而，别人对我们的看法、媒体上对我们的评价往往与我们对自己的认识并不相符，我们对自己的期待与所处文化对我们的期待往往是冲突的，我们常常为此感到困惑。什么是我们独有的“东西”，我们如何在外界的影响下找到自己的真性情？我们会因为自发的勇敢行为给自己创造惊喜，也会因为蚕食的恐惧被自己打败；我们有时会因为自己的错误让朋友失望，也会因为取得辉煌的成功而成为全场关注的对象。每一次，我们都从内心隐约感到，是某样东西造就了我们。

社交媒体为我们提供了一个平台，让我们展示自己观点、成就和生活的方方面面。但似乎在不断的发帖跟帖、发送图片和聊天中我们被分割成了小小的碎片。社交媒体并没有给我们提供以真实的方式表达自己的机会，往往只是给我们增添了外衣——在媒体这个镜子里看起来外表光鲜亮丽而已。我们只发布想让别人看到的东西：我们最美好的一天，最棒的一顿饭，在巴黎度过的迷人周末，或者眼前的危机。

如果你多加留心，就可以通过讲故事这门艺术来认识你自己。你像隐形人一样站在一旁，亲眼看看自己做了什么，通过你做出的选择、面临的考验、接受的挑战、体验的快乐和最后的结果来认识自己。假想你有一辆自动驾驶汽车，仪表盘上的摄像头可以记录你的人生旅程。在重要的遭遇中这个摄像头会记录什么？你会有怎样的表现？只要毫无保留地坦诚相待，你就可以通过记录自己的日常故事，在行动和交往中开始欣赏并接受你这个人。

要认识自己，就要远离期望和顺从的压力，进行自我反省，这是必不可少的。一个行之有效的方法就是写日记。我之所以养成写日记的习惯，是因为我经常发现自己不同于常人：我觉得有必要向自己解释清楚。

- 最近的危机是如何发生的，为什么会发生？
- 我为什么不妥协？
- 我为什么要冒险？
- 是什么力量驱使我这么做？

随着时间的推移，在阅读和重读日记段落的时候，我会重点标注或突出某些段落，最后慢慢形成了自己的模式。我开始了解我自己：内心的冲突，在社会和自己的性格中所面临的冲突——以及将来我最有可能做的事情。通过写作向自己解释，这不仅仅是我个人的需要。**回忆录作为一种新兴的体裁是近几年发展的趋势，回**

忆录作品的出版数量逐年增加。自传不再是名人与传记作家合作的专属领地。回忆录往往是由普通人撰写的，用各自独到的写作技巧和洞察力深入剖析经验，分享旅程，揭示个人选择和性格的关键作用。

市场肯定了讲故事和个人叙事的重要价值。关于产品或服务的真实故事似乎还原了人与人之间的联系，比炒作的故事带有更多的感情，让人难以忘怀。一个品牌故事不仅仅是一句朗朗上口的标语或广告语，在脑海中留下深刻的印象。不同于传统的故事，品牌故事是需要推理或解释“为什么”的故事，让受众与产品或某个人产生情感上的联系。品牌专家表示，任何产品的故事都能给消费者带来强大的吸引力，让他们考虑购买。

所以，个人故事仍然是我们文化知识仓库中必不可少的重要组成部分：它们以真实的方式传递有意义的信息。尽管如此，主流媒体还是倾向于关注那些将我们进行两极分化的表面形象和描述。如果我们通过别人的镜头来评价自己，我们发现自己会分心、会困惑。有无数的方法塑造自己的形象：身高、体重、性别、民族、种族、籍贯、宗教、政治派别、教育、收入和最喜欢的冰激凌口味。

这些肤浅的描述都没有讲述你的故事——没有任何一条贯通的线指向你的核心身份。这个星球的几十亿人中，没有任何一个人拥有与你相同的指纹；没有任何一个人拥有与你相同的独特天赋或相同的故事。

如何去创造你的定义故事、标签故事、品牌故事？在这一章中，我们将深入到那些原材料——也就是章名中所说的东西——去发现最能说明问题的故事。我们创造故事是为了向现场观众讲述，在对话中与他人分享，或在演讲中引用。现场交流会上听众与故事讲述者产生情感共鸣的同时，也提升了每个故事的意义。通过故事分享真实的自我，找到我们的共同点，我们的社会话语才能稳定下来。

定义故事

最重要的是：要对自己坦诚，要像白天和黑夜一样黑白分明，不能对任何人撒谎。

——《哈姆雷特》第一幕，莎士比亚

定义故事是发现自我的核心。定义故事能够向他人表达我们的独特身份。环境会让我们展现出最好和最坏的一面，但更重要的是，环境暴露了我们的真实本性。我们看到自己站在人生的舞台上，聚光灯聚焦在关键场景中我们的选择和行动上。这是我们要做出选择或面临挑战的时刻，但无论事件如何特别，都将我们推向核心并定义了我们。寻找一次你站出来，站在最前面，站在最中心的时候。在那个事件中，你被个人的动机和激情点燃，因而变得光彩夺目——即使这件事发生在童年的时光里。

例如，在我大约 10 岁的时候，我家住在得克萨斯州圣安东尼奥南边地区一个不大的社区里，我决定在家里演一出戏。我请最好的朋友珍妮参加，但她拒绝了。她的背叛让我很恼火，我继续努力，说服了 5 岁的弟弟接替珍妮的角色。我在电线杆上贴了告示，宣布演出的消息。一小群人聚在我家准备观看我们的表演，但小弟弟太害怕了，不敢上台，躲在卧室的被子里。我只好自己串演了所有的角色。

这段重要的回忆起初因为我遭遇的挫折蒙上了一层阴影：最好的朋友不肯参加，弟弟躲在被子里。但经过反思，我最后不得不承认，我是作为一个故事讲述者和制作人出来的。我最初的剧本是根据图书馆借来的童话书改编的，源于童年时想分享自认为最动听的故事的愿望。在没有人催促或鼓励的情况下，在众目睽睽之下登台表演，真实地表现了我是怎样的人。童年时期发生的这件事，显然是贯通我整个人生的一条线，是一个定义故事。

通常情况下，我们在童年向青少年过渡这个时期，就开始了解自己与生俱来的天赋和癖好，在还没有感受到来自同龄人的压力之前，我们还可以相对自由地探索。这是人生中一个自我发现和发展的肥沃阶段。然而，随着我们走向成熟，我们每天都要面对自己是谁这个问题。成年之后我们继续发展，在许多方面我们努力提升自己的能力，已经超越了生存的需要。在发挥潜能的过程中，我们最有可能在那些最能培养我们幸福感的互动和体验中遇到自己。

故事创作

如何在定义故事中捕捉那种稍纵即逝的自我感觉？想一想，当寻找定义性的生活场景时脑海中持久浮现的画面，这能帮助你更好地了解自己。想象自己处于回忆的旋风中心：取得成就的事例、受到称赞的场合和取得极大自我满足的时刻。将个人独处或持续繁忙的时间抛开不考虑。想象一下，向一个想知道你是谁而不是你做什么的人介绍自己。大多数人可能立即按照外在的元素对你进行分类，他们可能会错过你的本质。你可以通过分享你的定义故事来避免这种情况。

要想让一个定义故事吸引听众的注意力并产生影响，需要拥有一个令人难忘的故事情节。

- 背景：故事发生在哪里？
- 冲突：基本问题、危机、分歧或挑战是什么？
- 情节：故事中的场景是怎么样的？情节是怎样展开的？
- 反映了现实生活中的哪些人？
- 双方是怎样对话的？

- 最后，故事揭示了什么？你了解了哪些你不知道的身份？

如果你不能用独特的内容回答所有这些问题，你的回忆就构不成一个故事，而只是故事片段或一段轶事。

例如，当我开始从能揭示自我的记忆中构建事件时，我的脑海中浮现出一段生动的回忆。

> 我在一所天主教小学读七年级的时候，一位修女让我扮演一个美洲土著老妪的角色，穿着假鹿皮，要说一段很长的独白。演出那天，我盘腿坐在礼堂中间而不是舞台上，把所有的台词都完美地、有节奏地背诵出来，仿佛自己亲身经历过那一切一样。

我一生都对讲故事持有浓厚的兴趣，那么这一段回忆无疑是很重要的。我记得我曾想过，为什么修女特意选我扮演老妪，这对我这个年轻女孩意味着什么。我努力回忆，却记不起更多的细节。那场表演如梦似幻，有些不太真切，但我知道这件事的确发生过。我当时的理解是，修女一定知道我能背下那长段长段的台词，知道我会迎难而上。现在我明白了，她也了解我的一些本性：我有一定的存在感，愿意被人看作是年长的或更聪明的人，并且坚信自己能够扮演一个超越实际年龄的角色。然而，这并不是一个定义故事，只能从这个故事中瞥见自我的一面。

相比之下，另一段发生在晚些时候的记忆浮现在脑海中，里面的灯光、镜头、动作都无比清晰。这个事件很生动，很关键，而且富有启示性。**直到那一天我才有意识地了解自己。**在这件事发生的前一年，也就是我成为母亲的那一年，我一直认为自己是个游手好闲的人——一个有一点天赋、有一点魅力的人，但却对艺术毫无涉猎。即便从著名的基金会获得了不菲的资助，我知道自己有些名不符实。但母亲的身份不允许我这样轻浮。我开始认真对待自己和自己的天赋，因为我很快就要依靠这些来生存。

儿子出生一年后，我独自一人抚养孩子，此时讲故事的三年资助期即将结束。由于某些难以理解的原因，我儿子的父亲无法应付一个新生儿。为了自己和儿子的安全，我离家出走，在附近小区向一位精明的房东租了一间房。当我眼看着自己的积蓄一天天减少的时候，当我完成资助的最后一项工作时，我制定了一个新的故事提案，并很快得到了向整个董事会推销的机会。我当时要提出一个与加州教育部合作的全州性项目。

海崖1983

“再等一下就好了。”我的舍友说，“我正准备为你点炮！”

我在东湾平房的前廊上犹豫了一下：“你在准备做什么？”

我的非洲裔美国房东正在前院的人行道两边摆放一串鞭炮。“这是给你的送行礼。”他用火柴点燃了引线，鞭炮开始燃放。烟雾弥漫在空气中。“走过去！这是你的大日子。这是你的大日子。”在霹雳啪吧的鞭炮声中他大声喊道。

我感觉自己就像从炮膛里射出来一样，穿着高跟鞋冲过烟雾弥漫的人行道，到了街上转身挥挥手。我们都露出灿烂的笑容，一副豪情万丈的样子。喧闹和烟雾过后，我有些颤抖，我找到了自己的车，准备开车去市里参加一个豪华的酒会，这将决定我的成败。

我穿上了唯一一件漂亮的衣服，那是母亲在我怀孕前缝制的一件真丝衬衫，柔和的米色配上慎重的花纹，很适合那个温暖的春日午后。现在儿子 1 岁了，我很容易就穿上了，连腰带都系上了。就是为了他，这次会议也必须顺利进行。我是他唯一的支撑。

当我驶近高速公路时，我希望我那辆有时不太靠谱的二手破车，能够顺利通过海湾大桥，到达旧金山高档的海崖社区。一路上我练习着一会要讲的话，以及我计划讲述的故事。基金会的所有主管和董事会成员都会到场，听取选定资助对象的口头报告。我的目标是用一个故事来延续我的资助。这是一个大胆的举动。

我精心选择了这个故事：描绘了一条伟大而神奇的龙，以一个年老、肥胖、秃头的形象出现——与许多基金会的富豪高管相似。我会用大胆的故事让他们都大吃一惊，然后提出一个全州性的项目——冷不防的投球。

最后，在城北峭壁上，在海崖社区蜿蜒曲折的街道上，我把车停在几个街区之外人看不见的地方，走到了这位慈善家富丽堂皇的家。来开门的女仆穿着整齐的制服：一袭黑裙，系着硬朗的白围裙，戴着帽子。

我走进了装饰得异常华美的客厅，从高高的窗户看出去，可以看到金门和马林岬角；客厅的摆设很奢华：精美的古董、黑色漆面屏风、波斯地毯上豪华的扶手椅和长沙发。侍女们端着银盘和精致的开胃菜在大厅里来回穿梭着。奢华的大捧花束装满了瓷瓶。我们要在大钢琴前发言，正对着的就是椅子。

一位基金会助理走过来对我说：“你穿的这件衣服和这个房间很相配。好优雅啊。”我想，难道这预示着幸运？

我的介绍有些语无伦次，我记得当时还胡乱比画着。站在房间后面的一帮老家伙们却明白了我的笑话。当故事中的光头老头变身为大云龙时，他们轰然叫好。

在我离开的时候，执行董事带着狡黠的笑容向我招手。“我才知道资助的是一个全州性的、讲故事的项目。”

我惊讶地和他握了握手。他们已经一致通过了我的申请。我驶过海湾大桥回到东湾，从保姆那里接回我亲爱的孩子。我们会生存下去，会继续发展——全都是因为故事。

后来，我在想：如果我不是母亲，我还敢跟那些百万富翁较量吗？

故事编写

在写这个故事时，我从一个富有戏剧性的时刻开始：放鞭炮！平房车库上方我租来的低矮房间与海崖的豪宅之间形成鲜明的对比，为主要情节提供了一个醒目的背景。**在这种高风险的情况下，最有可能揭示一个人的本质——对我是谁和我可以成为什么样的人有更深的认识。**我学到的是，更强的责任感给了我更大的权威，同时也给了我更多的动力。作为一个新妈妈，我向自己提出了挑战，要养活孩子，要迅速成熟起来，充分发挥自己的潜力。

为了确定我的记忆准确无误，我在公共图书馆搜索了我讲的故事《人人都知道龙长什么样子》（1976 年），作者是杰伊·威廉斯，插图是默瑟·梅尔。

故事中，贫穷的扫街人韩在吴城的城门口迎接一个胖胖的小老头。老人自称是大家都在祈盼的大云龙，要从北方的狂野骑兵手中拯救这座城市，韩说他觉得老人不像龙。城里的其他人也觉得不像：内务官员、军队首领、工人领袖、商界领袖、最聪明的智叟都觉得不像。他们把老人打发走，拒绝以礼相待。

只有扫街的韩氏孤儿把这个矮矮胖胖的光头小老头迎进了他的小屋，给他端上一杯酒，捧上一碗饭。因为这种礼遇，巨大的云龙释放出狂风、闪电和可怕的风暴，对付逼近的狂野骑兵，骑兵们纷纷逃窜。而这时，那个胖胖的小老头才显出龙的本色，他巨大的咆哮声充斥在天地间，庞大的身躯在天空遨游，鳞片闪烁着晚霞一般的光泽，爪子和牙齿像钻石一样闪闪发光。

研究这个故事，再次阅读这个故事，让我记起那天发生的所有事情、经历的情感波动以及故事中蕴含的幽默感。

意义的层级

当你选择和编写一个值得讲述的故事——一个定义故事时，你会注意到故事中蕴含着一些元素和层次，一开始这些可能并不明显。在《海崖 1983》这个故事中，有许多独特的层次——那些我知道的或在字里行间隐含的意义。

- 对讲故事艺术的再次承诺。
- 在更大的舞台上把自己定义为一个故事讲述者。
- 表现出母亲的生存本能。
- 展示了故事作为营销工具的力量。
- 内化龙的故事，看到一种超越外在的力量。
- 感谢旧金山湾区的创业精神所带来的机遇。
- 重视犹太慈善界的支持。

虽然参加基金招待会的老慈善家们在听到这个龙的故事时，很喜欢把自己和一只神奇的神话中的野兽画等号，但他们也体会到了其中的寓意：我们都不是外表看到的那个样子，我们每个人都有才华，有天赋。也许我们都需要一个韩姓孤儿，不假思索地以礼相敬，一杯茶，一碗饭，把我们哄出来——让我们看到真正的自己。

故事讲述

定义故事是与讲述者身份有关的故事，是基于自我反思的故事。你如何理解这个故事在生命中的关键意义，将影响你如何以及何时向他人讲述这个故事。

当你已经创作出一个定义故事的草稿时，将故事发生的顺序简化成一个大纲。一旦将故事简化为指向细节的关键词和图像，你就能自如地讲述故事，根本不需要记忆。

为故事撰写提纲，去掉细节内容，保留关键词，标明叙事弧线。

例如，以下是《海崖 1983》的提纲：

1. 背景：从东湾平房到旧金山豪宅。
2. 人物：房东、来访的客人、执行董事、我。
3. 第一个场景：东湾烟花送行；冲突，高风险。
4. 第二个场景：驱车抵达海崖；冲突强化。
5. 第三个场景：项目介绍、讲故事；情节推进。
6. 冲突解决：成功，获得资助。
7. 结尾：回来接儿子，母亲的新感悟和故事的力量。

将故事的大纲保存在故事日记中、索引卡或故事板上。

有了故事大纲后，请参考第四章，找到其他工具，如图形组织工具等。故事板包括了关键词和图像，因而特别有效。

“讲故事七步法”是“文字编织故事项目”的原创方法，对于教育工作者来说这是一种非常成功和专业的训练方法，揭开了讲故事艺术的神秘面纱，将其分解为易于学习的步骤。

练习和提示：标签故事

故事情节：时间轴

1. 想一想，在某一年，你开始有了一个与他人的期望相去甚远的自我认知。

2. 在那一年里，或者任何一年，记得有一次你对自我有了新的认识。

3. 记下你多年来观察到的自己的品质，并将每个品质与事件联系起来。

4. 想一想，当你用一种未知的能力给自己带来惊喜的时候。

5. 考虑画一个发现自我的时间轴，从开始一直持续到现在。

6. 对于时间轴上的每一个重要节点，描述发生的关键事件以及你对自己的认识。

7. 创建词云、思维导图，或列出所有定义基本自我的品质。

8. 选择你最核心的、最关键的品质，并将这些品质与事件相匹配。

9. 为关键事件勾勒出一个叙事弧线。

遵循步骤

1. 回忆自己一生中获得的主要证书或奖励：证书、学位、奖状、奖杯。

2. 收集上述证书或奖励，按优先顺序进行排列。

3. 为上述证书或奖励、新闻稿和主要成就建立电子剪贴簿或纸质剪贴簿。

4. 对于每个项目，考虑取得这些里程碑式的成就的动机，是内在的还是外在的动机，或者可能是两种动机的结合。

5. 只选择那些反映内在动机并获得相关证书或奖励的成就。

6. 关注在取得里程碑式成就的过程中的一个事件。

7. 为该事件勾勒出一个叙事弧线。

8. 将故事与最能定义你的自我品质联系起来。

定义故事会在你的一生中不断发生。练习在日记、剪贴簿或电子相册、网络评论上记录这些事件。

故事讲述者分享秘密：定义故事

拥有一系列定义故事是一种宝贵的社交财富和职业财富：你可以在任何场合以一种令人难忘的方式向他人介绍自己。无论是在求职面试中，网上约会时，还是在晚餐谈话中，在聚会上，一个定义故事是给人留下持久印象的可靠方法。与其背诵一系列关于自己的事实，你不如简单地提供一个故事的背景。无论是故事讲述者还是传记作家，每一个人都是各自领域中的专家。他们花了几十年时间学习如何打造和讲述故事。事实上，你也可以说，故事定义了他们。

故事创作

琳达·乔伊·迈尔斯是获奖传记文学《平原之歌》的作者。她在俄克拉荷马州伊尼德市长大，在那里她感受到美丽风光的魅力，遇到对她的灵魂产生重要影响的人。她是美国传记作家协会的创始人和主席。琳达·乔伊著有《传记的力量》和《传记的旅程》两本书，并与人合著了《开启你的回忆录》和《传记的魔力》。她是新手传记作家教练，也是传记专家的主持人，经常参加网络研讨会和会议。她深知作家们多么迫切地渴望表达想要讲述的故事。

故事的迫切性

琳达·乔伊·迈尔斯

分享故事让你不孤单。故事住在你的心里，催促着你去分享它，有时候，恰逢合适的时刻或者合适的人来到，你需要讲述这个故事。还有一些时候，讲故事的时间并不合适，所以需要调整一下策略——你要找到恰当的方法去讲述，让故事适应当下。故事是在寻找某人去牵线的另一端。然后是调音，就像你倾听乐器的振动一样。演奏故事的音乐，根据听众、情境和你的需要进行调整，当你讲述的时候，就好像信手拈来一样。对每一个与我分享故事的人，我都会划出一条不同的线。每次我讲故事的时候，我都仿佛活在故事中，但讲完故事之后的情绪却有所不同，可能从情绪高昂到悲伤抑或陷入沉思。定义故事中的梦想在我讲述的时候是鲜活的，而故事中的另一个人永远活在我的心里。

无论是与其他传记作家合作还是单独写传记，琳达·乔伊都累积了数十年的经验。她了解讲者和听者之间微妙的互动，知道每个人如何参与才能赋予故事更多的意义。没有什么故事比定义故事更深刻，因为它能穿过人心的表象，找到自我的真相。别人对定义故事的反应很重要，所以我们一定要根据特定的受众来进行调整。琳达·乔伊要求我们关注如何分享最珍贵的故事：了解每位听众，关注讲故事的情境，衡量听众会有怎样的反应，同时培养自己讲述故事的意识。琳达·乔伊年轻时习得的第一门艺术与音乐有关，是拉大提琴。她讲故事的感觉类似于音乐的振动，她懂得如何为听众或观众量身调制故事。现场故事讲述者就是这样做的，让故事和想象力进行创造性互动。

故事创作

吻别，你好

琳达·乔伊·迈尔斯

我发现身处的这个故事跨越了我整个的生命——从我 11 岁在俄克拉荷马州的家中开始，直到我 74 岁时结束。新故事改变了我对过去记忆的框架。与多年后的朋友基思在一起待了两天，仿佛改变了我的人生。基思是我 11 岁时的初恋，在我 17 岁的时候，我俩就相爱了。他心地善良。他看见过眼镜后年轻的我，也看到了成为怪异老奶奶的我，他对我的了解无人能及。自从我们在舞会上跳《月亮河》后，56 年来我们之间的联系就没有断过，每年他过生日的时候我都会给他打电话。舞会之后，在双方家长的逼迫下我们分手了，这件事我们从来没有当面说起过……直到我 74 岁那年的春天。40 年来，我一直做着同一个梦，在梦里我找到了他：我们相爱、结婚并幸福地生活在一起。但在最后一个梦里，他奄奄一息。我给他打电话，他说有话要对我说。我飞回了家，来到他的身边，我们把所有没说出口的话都说了一遍。我们穿越时空回到过去相爱的时刻，有巴赫和贝多芬的音乐，有哈利路亚合唱团的歌声，有金色的麦田，还有大平原上空的星星。

我们都明白了梦境的含义——我们的联系超越了时间和空间。这么多年了，没有说过的话，没有分享过的东西终于说出来了，真是太幸福了。他问离开的时候，能不能和我吻别。我面对近在咫尺的他，从那双棕色的眼睛里看到了我们共同度过的所有岁月，灵魂的精髓始终萦绕在丝丝缕缕的音乐中，萦绕在大提琴低沉悠扬的乐声中。

你与天使同在，我的朋友，永远在我心中。因为认识你，我更加完整。愿你走向宇宙的中心，与你爱的人永远在一起。

在这个定义故事中，琳达 · 乔伊分享了贯穿她一生的故事，一个从童年延续到老年生活的故事。这是一个多维度的爱情故事，一个超越时间和空间、睡梦和真实交叉的故事。琳达 · 乔伊关注生命中的关键故事，所以在初恋情人临终前去探望时，她能够观察到自己的生命叙事发生了转变。他了解她，了解她最真实的一面，并通过交响乐与她相知相交。在青春年少时期，他们俩在乐团演奏大提琴，共同分享快乐，这是他们幸福的源泉。故事中，琳达 · 乔伊说：“因为认识你，我更加完整。”也给了我们一个最深刻的真理内核：我们常常从最爱我们的人的眼中看到自己。

故事创作

贝亚·鲍尔斯是一位故事讲述者、作家和录音艺术家，她的神奇故事让孩子们了解到大自然深层的、持久的智慧。她在国内和国外的学校、植物园、艺术中心和花园中心以及会议上讲过故事。贝亚的有声读物和CD里有作曲家萨拉·布坎南·迈克莱恩的原创音乐。贝亚总是从讲故事的仙女教母蜘蛛奶奶那里获取灵感。在表演和有声故事书中，以及在她的两本故事书《蜘蛛的秘密》和《蜘蛛奶奶神奇之网》中，贝亚都围绕着一个共同的主题，编织出不同的故事网。贝亚如何受到启发然后开启故事创作生涯，就是她的定义故事。

故事编写

蜘蛛奶奶

贝亚·鲍尔斯

在新墨西哥州圣菲举行第一次讲故事活动的第一个晚上，我站在星空下，想知道作为一个故事讲述者，我的角色是什么。黑暗中传来一声低语：“让孩子们去畅想。”我吓了一跳，急忙跑进去。

舞台上，留着长长白辫子的高大霍皮族长者何塞·雷伊·托莱多，讲了一个关于蜘蛛奶奶和太阳爷爷的故事，他们唱着歌，跳着舞，把所有的经历都唱了出来：蜘蛛奶奶带领他们进行了三次漫长而危险的历险，先是遇到了昆虫，然后遇到动物，最后遇到人。因为人可以学习，蜘蛛奶奶教他们唱歌、跳舞、编织、种植庄稼、感恩人间的生命。但时间一长，邪恶的头领开始高呼："战斗、仇恨、囤积、赌博。"听信的人毁了他们生活的世界。只有少数忠实的人寻路来到了这里，来到了这个第四世界。

一只小小的、有爱心的蜘蛛和强大的太阳是创世的祖父母？这个故事让我至今依然思索着。当何塞·雷伊允许我讲这个故事时，他还说："时至今日，蜘蛛奶奶仍然在孩子们耳边低语，传承智慧引导着他们，所以要提醒他们仔细倾听。"

随着时间的推移，我了解了世界各地的其他创世故事，在北加州，马尔科姆·马戈林把我介绍给了伟大的阿乔马维作家达里尔·"贝贝"·威尔逊。于是，蜘蛛故事成了我第一次讲故事的内容，也成就了我的第一本故事书《蜘蛛的秘密》。

我向新维度电台提议，将霍皮族的故事和其他创世故事录制成儿童作品。他们同意了，并指派约瑟夫·坎贝尔为我的导师。事实证明，这个建议非常不错。虽然我现在讲了很多神奇故事，但我每天早上都要感谢蜘蛛、感谢太阳、感谢故事。

在这个故事里，贝亚·鲍尔斯寻求自己作为一个故事讲述者的角色，把自己与自然和故事紧密地联系起来。她听到夜空中的低语并不奇怪，这是一种直觉的声音。很多时候，聆听内心的声音，是通向内在自我的一条道路。窃窃私语、浮现在脑海中的故事、挥之不去的影像，还有不请自来的梦境，都包含着可以定义我们的信息。

当贝亚听到霍皮族关于蜘蛛奶奶的故事时，她既着迷又惊讶——她与这个神话人物的联系反映了她自己的本性。通过微妙而艺术的方式，贝亚和蜘蛛/母亲的原型与作为故事讲述者的贝亚融合在一起，创造了一个真实的品牌。在约瑟夫·坎贝尔的指导下，她学到了更多关于民间传说的深层知识，这说明了她对艺术孜孜不倦的追求。但毫无疑问，蜘蛛奶奶仍然是贝亚讲故事的力量来源，是她的图腾，是她的定义信息。

标签故事

标签故事最初是在国际演讲会流行起来，然后**在主流文化中不断发展**。标签故事有时被称为电梯演讲，是一个简短的、精心设计的推销，介绍你的专业或个人。无疑这是自我营销的重要工具。尽管只是简短的讲述，而且通常是一对一地进行，但仍要像准备重要的主题演讲一样精心准备。标签故事的基本故事元素可以构成一个简明扼要的脚本，这样故事的内容就可以适应各种情况，可以用对话的语气进行讲述。

第一句话——“钩子”——最为重要，它很可能包含了整个标签演讲的浓缩版。介绍你自己也是一个问题解决方案，帮助解决在目标职业或市场中面临的问题。工作头衔和简历类信息不适合放在标签故事中。你的客户只对你能提供的私人帮助或职业帮助感兴趣。第一句话用通俗易懂的语言进入主题，重点是吸引你的听众，调整他们的兴趣。例如，一个人生导师可能会这样介绍自己：“我指导人们如何打开封闭的心门。”

核心要素是描述动机的个人趣事——也就是你顿悟的时刻，或者是展示你专长的例子。**故事是推销的核心**，也是与听众建立联系的纽带。故事越吸引人，就越让人难以忘怀。无论多短，它仍然是一个完整的叙述，有具体的细节、生动的语言、完整的对话和清晰的故事结构。整个标签故事，包括钩子和叙事，讲述时间不超过两三分钟。多准备几个标签故事，面对不同的受众，比如邻里聚会或交流活动时讲述不同的故事。

职业标签故事的定义很简单，也很容易构思。但如何写出具体的故事内容呢？一种方法是回忆你在某一职业中最成功的经历，或者你如何克服工作中的挑战。你的突破性时刻是什么？是否足够激励你去分享？标签故事突出了职业经历中最精彩的部分：它们不仅有助于定义取得成功的因素，而且能给你带来快乐，丰富你的职业意义。

《创造标签故事》的作者戴维·阿斯克曾说，职业标签故事对你的个人生活有极大的价值。

> 找到这样的故事可以帮助你发现目标、确定优先级别、获得信心、发展新的方向、增强人际关系、参与计划并取得优势，等等。

故事创作

职业标签故事是针对你的职业和目标写的。定义故事是开放性的，是对自我的深度分享，而标签故事则聚焦于你的职业或事业中的突破性时刻——你获取了强有力的见解，你想要分享、营销和推销这些见解。

标签故事虽然简短，但也应该是一个完整的叙事，并清楚地说明其结局。要想让标签故事吸引听众的注意力，并产生持久的影响，需要补充完整以下要素。

- 故事背景：故事发生在哪里，在什么职场环境中发生的？
- 冲突：基本问题、危机、分歧或挑战是什么？
- 情节：故事中的场景有哪些？故事中情节是如何推动的？
- 反映了现实生活中哪些人物？
- 人物之间如何对话的？
- 最后，突破性的时刻或解决方案是什么？
- 根据这些经历，你的钩子是什么？是故事的引子吗？

下面的标签故事我已经讲过了无数次。在故事培训课程的开始时讲过，在故事的力量演讲中讲过，还向基金会高管和有影响力的出版商推介过。这个故事在叩开大门方面取得了巨大的成功。更重要的是，它给了我一个机会，让我有机会与领域内成千上万的教育工作者和作家分享我的感悟。

1967年的旧金山初中

我站在讲台这个避难所后面，看着九年级学生在昏暗拥挤的城市教室里挤在每张桌子后面。那是一个炎热的春天，在午餐后这段可怕的时间内我要教他们学习英语。我已经意识到，在我第一年的教学中，大部分学生的阅读和写作水平达不到要求的水平。

我立马拿出解决方案，“好吧，如果他们不能阅读文学作品，我给他们读。”几个月来，我朗读了指定的适用年级的课文。《一千零一夜》、《老黄狗》、《远大前程》和希腊神话。抓着快要散架的胶合板讲台，我用生动的阐释来带动课堂氛围。

那天，我准备朗读一个希腊神话。我极度厌烦课文中让人昏昏欲睡的散文，当意识到再也无法忍受从那本无聊的书中朗读神话，我从讲台上走了下来。我站在了全班同学面前，他们有些忐忑地看着我——他们以前没见过我走下来。我开始用自己的语言向他们讲述下一个故事——达芙妮和阿波罗的故事。

我永远不会忘记教室里的变化：突然间，除了我的声音和学生们专注看着我的眼睛，教室里似乎空无一物。他们看着我，用有史以来最专注的目光看着我，同时我也知道他们根本没有看我，他们沉浸于我讲的神话。事实上，我和学生们都在看达芙妮和阿波罗的冒险，仿佛这个故事此刻正在上演。

教室本身也发生了变化。它似乎变成了几千年前遥远的希腊森林，绿叶缠绕，溪水飞溅。我们仿佛置身在故事里。这真是让人兴奋啊！而我也不再无聊了。是的，我永远也不会忘记那天的经历。

故事编写

当我讲这个故事时，在开始写那天的主要情节之前，首先描述问题所在：教九年级的学生英语文学，而他们的读写水平不达标。尽管这个标签故事我已经讲了无数次，但故事的关键细节还是再次触发我的记忆。所以，记下故事发生的时间和季节、拥挤不堪的教室、胶合板讲台的感觉——甚至是我当年朗读过的书名都很重要。最重要的是确切的神话名称——达芙妮和阿波罗的故事。每一个基本的故事元素都将我置于那个精确的时间和地点，这样我就可以置身当时的情景之中，观察故事如何展开。

故事本身可以灵活变动，可以用 30 秒来讲述，也可以用三分钟来讲述，这取决于讲故事的具体情况。需要牢记并保留下来一些具体的细节——冲突、情节的发展、问题的解决。其中一个重要的细节是钩子：我成为一个故事讲述者，教中心城区学生文学。这个总结性陈述可以在故事的开头讲，也可在结尾讲。无论哪种方式，都是对讲故事的魅力的肯定，因为这成为困难环境中情感的纽带。

达芙妮和阿波罗的神话是大故事套小故事，类似于我定义故事中龙的故事。回忆神话的细节至关重要，这样才能把给九年级学生讲故事的效果形象化。每一次讲述都会刷新我的记忆，比如故事发生的背景，由爱神和他的金箭、铅箭引发的神话冲突，以及达芙妮的父亲佩涅斯赶来救援。我回顾了主要的情节，也就是那个追逐的场景。阿波罗在密林中追赶受惊的木仙女，达芙妮突然蜕变成一棵月桂树，阿波罗将月桂树枝作为他的最高荣誉，即英雄的荣誉，以纪念他心爱的达芙妮。

研究神话及其基本元素是我准备工作的一部分，这样有利于我对那天的回忆——研究工作突出了那个特定神话的直接吸引力。

意义的层级

你加深对标签故事的理解时，就会意识到其中不容易被发觉的元素和层次。了解这些元素和层次可以让你的讲述更有深度，让你能够回答跟故事相关的一些问题。在上述这个故事“1967 年的旧金山初中”里，一些独特的层次往往是在字里行间传达出来的。

- 任教一年的白人英语老师在黑人社区的绝望情绪。
- 1965 年、1966 年和 1967 年漫长而声势浩大的种族暴动，学校的教学也大受影响。
- 1965 年、1966 年和 1967 年兴起了民权运动，与此同时，旧金山也掀起了反文化运动。

- 设施不全的黑人社区学校资金缺乏。
- 教师和行政人员的流失率高。
- 在全市范围内，按年级硬性分配教科书。
- 教学辅助材料奇缺，仅有课本、黑板、粉笔。
- 神话和讲故事的力量超越了时间、地点和文化。
- 班级管理和教学策略——建立个人联系。

讲故事时，没有必要赘述1967年旧金山湾景区那间教室的悲惨状况。只需陈列几个确凿的事实，就足以说明当时糟糕的学习环境。但是，如果在向特定群体讲述这个故事时，你要准备润色故事、回答问题，谈一谈那个时代的历史和你讲这个神话故事取得的成功，就更能吸引听众。显然，1967年的教室里，教学设备十分落后，只能满足最基本的教学需求。经过几十年的高速发展，在多方面取得了进步，我常常在想，在课堂里使用高科技效果是否会更好？

故事讲述

你的标签故事是你独一无二的故事，往往是多年经验和试错的综合。当你回顾对一个问题的见解时，你会发现这些见解反映了你的基本性格。这反过来影响你讲述故事的方式、语气、情感和目的。

标签故事要文字简洁才能取得较好的效果。毕竟，这是推销，要将你的专长以简练的、令人难忘的方式推销给他人。

在清晰的叙事弧线下，勾勒出故事的基本结构，列出问题及解决方案。一旦有了合理的结构，这个故事可以根据任何情况进行调整，而不需要死记硬背。

“1967 年的旧金山初中”的大纲很简单：

1. 背景：拥挤不堪的中心城区教室。

2. 人物：第一年的白人教师、35 名学生，有黑人、拉丁裔、贫苦白人。

3. 第一个场景：午饭后，给有阅读障碍的学生朗读，课堂枯燥无味。

4. 第二个场景：迈开步子走下讲台，抛开书本，情节推进。

5. 第三个场景：用我自己的话直接给同学们讲一个希腊神话。

6. 冲突解决：学生认真、全神贯注地倾听，激烈地讨论，完美的教学。

7. 结尾：难忘的一堂课，分享心得。

将标签故事大纲与简历、推销或公开演讲的谈话要点放在一起。在各种集会或专业会议上，可将大纲随身携带，随时唤醒记忆。

请参阅第四章，了解通过图形提示记忆标签故事的其他方法，以及有效讲述的技巧。

“讲故事七步法”是“文字编织故事项目”的原创方法，对于教育工作者来说这是一种非常成功和专业的训练方法，揭开了讲故事艺术的神秘面纱，将其分解为易于学习的步骤。

练习和提示：标签故事

提示：职业标签故事

回答这些提示，找到或创作一个**职业**标签故事。如果你从事过好几个职业，请在脑海中固定一个职业。每个职业路径都会有自己独有的标签故事，也就是突破性叙事。

1. 回顾你在某一职业中的岁月。
2. 你从事这个职业动机是什么?
3. 你在这个领域的优势和劣势是什么?
4. 你的榜样或导师是谁?
5. 你在事业上取得最大的成功是什么?
6. 描述你取得的最高成就。
7. 你想分享的是对哪个问题的解决?
8. 你的顿悟时刻是什么?
9. 是突然发现的，还是经过一段时间后才发现的?

提示：个人标签故事

回答这些提示，寻找或创作能反映你最佳品质的**个人**标签故事。

1. 回顾你过去一年或十年的生活。
2. 什么经历给你带来的幸福感最强或意义最大?
3. 给你印象最深的是什么人?
4. 在各种人际关系中，哪种交往最能代表你?
5. 哪些事件展现了你最真实的本能?
6. 哪些情况让你感到喜悦、欣慰、自豪或钦佩?
7. 在什么样的个人环境中，你感到最满意?
8. 什么时候你觉得最接近个人真理?
9. 你是如何分享你的个人故事的，或者说你可以如何分享它?

故事讲述者分享秘密：标签故事

这些多才多艺的专业人士是顾问、公开演讲家、教练和作家。

他们在文学领域的工作屡获殊荣，他们所属的文学流派不尽相同，在媒体上也有不同的表现：他们已经跨入企业工作，掌握了推广服务的技巧。

故事创作

贝琪·格拉齐亚尼·法斯宾德是作家、心理治疗师、播主、公共演讲教师和教练。无论是私密谈话、书面故事还是实际工作中，贝琪认为正是通过我们的故事才建立了最深层次的联系。她主持了“牵牛花项目：关于决心的故事”，撰写了传记小说《火与水》、回忆录《填满她的鞋子》，以及一本指导性的非虚构类作品《从书本到舞台：作家的灵感、工具和公开演讲技巧》。

演讲的魔咒

贝琪·格拉齐亚尼·法斯宾德

讽刺的是，我的标签故事描述了我对公众演讲的强烈恐惧，今天我把这个故事讲给公众演讲课的学员听。我是一名作家，也出版了一些书籍，但我的“日常工作”是公共演讲的老师和教练，我在美国最大的公司工作了二十几年，学员来自各行各业的各级组织，从新员工到 CEO 都有。我曾指导过高管和销售团队、政治家、企业家、作家、艺术家、TED 演讲者，以及因为遭遇不幸而开始行动起来的枪支暴力幸存者。

我总是指导我的客户把自己当成故事讲述者，而不是数据的传播者。故事，而不是事实，才会让人记忆深刻，才会

> 吸引听众，激励他们转变态度或采取行动。故事应该具体、与听众相关、令人难忘，这样才能达到最大的影响力。
>
> 我把这些放到演讲里的小故事称为"魔法石"。这些故事会吸引听众想象力或控制她们的情绪，给他们施下"魔咒"，赋予他们灵感并影响他们。
>
> 并不是所有人都会对公众演讲产生恐惧，或者说感到紧张，但实际情况也差不多。大多数人认为，在公众面前自如地演讲是一种天赋，只有一部分人具有这种天赋。我的例子证明并非如此。通过学习一套简单的技能（我现在教的），我能够管理我的恐惧，并利用我的声音为我最重要的事业服务。
>
> 我的标签故事"演讲的魔咒"是有关埃利斯先生的故事，我用这个故事来说明，无论多么恐惧或不熟练，任何人都可以成为一个充满活力的演讲者。我现在自信地展示公众演讲技巧，分享我当时的经历，也就是向学生证明了这一点。当然，有些人天生就比其他人更适合公众演讲（虽然我并不是天生就会）——任何一门艺术都是如此。通过学习和练习一些简单的技能——包括讲述令人着迷的故事——我们可以克服恐惧，看到自己也具备这种能力，也能讲出扣人心弦的故事。

很显然，贝琪·格拉齐亚尼·法斯宾德的文字作品很有特色，她的公开演讲同样吸引人。但她很清楚地明白，分享担当公众演讲教练的真实经历不仅是一种培训工具，更是一种营销工具。无论在哪个领域，大多数人都害怕当众讲话。贝琪也曾有过同样的恐惧，但她克服了这种恐惧，解决了这个可怕的问题，她的经历拿来推广演讲技巧非常有说服力：她学到的东西，任何人都可以学到。

故事编写

故事的魔力

贝琪·格拉齐亚尼·法斯宾德

我年轻时是不可能有机会害羞的。除了毕业和拿奖学金上大学，我在高中的主要目标就是隐身，我基本上实现了这个目标。大二时，我遇到了一位英语老师和导师，他培养了我对故事的热爱，鼓励我培养写作的才能。我的写作生涯就是在他的指导下开启的。大三的时候，埃利斯先生指导了我最害怕的必修课：演讲。

对一个努力隐形的女孩子来说，想到要在所有同学面前发表五次三分钟的演讲，我的焦虑就像雪崩一样塌下来。在第一次演讲的前一周，我准备好演讲内容后，哭丧着脸走到埃利斯先生面前。连日来我饱受失眠之苦：腹痛、头疼，还有让我心烦意乱的恐惧。"我就是做不到。"我抽泣着告诉他。

埃利斯先生像父亲一样拍了拍我的肩膀。"好吧，"他说，"我跟你做个交易。"他给了我一个选择。如果我写一篇20页的学期论文，研究历史上的一次伟大的演讲，使用完整的脚注，至少引用三个参考文献（那时还没有电脑和互联网），可以用论文来代替演讲。他制定了一个自认为遥不可及的荒谬标准，以为我一定会拒绝他的提议。

"成交！"我说，我们握手达成协议。我不仅接受了他的提议，还恳求他允许所有的五次演讲都用论文代替，对我这个害羞的学生有好感的软萌老师同意了我的请求。

算一算吧。16 岁时，为了避免在同学面前的 15 分钟发言，我写了五篇研究论文，一共 100 页。

这个标签故事堪称完美，因为它具备了吸引读者的所有元素：背景、冲突、人物和对话。这个故事能吸引我们，不仅仅是为了听这个故事，其中的魔力、魔咒就能抓住人的注意力。贝琪意识到了讲故事的力量，她不会为了总结而略过不提，她放慢了主要情节推进的速度，自然地进行讲述。她让我们感受到当时她的症状和焦虑，让我们仿佛参与到她与善意拍打肩膀的老师的互动中。这个故事具备了所有优秀的故事讲述的技巧。同时，过去的恐惧作为一种经历，使她有资格成为那些害怕公开演讲的人最好的教练。这个关于埃利斯先生的故事说明，无论多么恐惧或不熟练，任何人都可以成为一个充满活力的演讲者。

故事创作

琼 · 盖尔芬德著有《你也可以成为获奖作家》一书，是一名写作教练，也是写作团体的演讲者。她写了三本广受好评的诗集，一本获奖的短篇小说集，以及一部以硅谷创业公司为背景的小说《惊心动魄》。琼曾获得过许多写作类奖项、褒奖、提名和荣誉，是美国国家图书评论圈成员，湾区旅行作家协会会员，也是美国国家妇女图书协会前任会长，北加州图书奖的评委。

作者背后的故事

琼·盖尔芬德

分享我们“背后的故事”有多么重要，这一点无论怎么强调都不为过。我们是如何登上讲台、舞台或电视，或者如何成为电台或杂志采访的对象？很多时候，有抱负的作家都会把一个成功的作家、表演家或艺术家的过程理想化。这不是他们的错，他们一看到有人在台上演说、激励他人，就认为奇迹能立马发生。但很多时候，我可以肯定地说，台上表演、演讲或讲座没有数年的准备是不可能的。当别人听说我出版了 6 本书时，他们的反应有的时候是尊重，但更多的时候是被吓到了。在我开始写作后，我花了 6 年时间才确定自己作家的身份，然后又花了几十年时间才有了书籍出版。我必须对书稿被拒习以为常，把被拒的激烈情绪培养成一种专业的淡定。

在工作坊和辅导客户的过程中，我与客户分享了我历经沧桑的艰难旅程：花了多长时间写作，被拒稿多少次。需要坚持不懈地投稿，成功才会接踵而至。我分享了如何在自信的基础上培养自信。第一本书出版后，紧接着第二本第三本出版，接下来就像滚雪球一样越来越多。第一步踏出去了，门就一扇又一扇打开了，机会也就出现了。

琼在成为传统出版作家的过程中经历了诸多的挫折，她以此来鼓励她的写作客户和同僚写作者。她的信念并不是给许多初出茅庐的作家继续增加幻想：他们的书会“流行起来”，奥普拉会打电话来，或者在亚马逊网上成为畅销书。通过坦诚地分享她的方法，琼已经能够就这个主题出版包括标签故事在内的书籍，为作家们开发推广计划。

故事编写

小说热

琼·盖尔芬德

在我职业生涯的早期，在作为诗人取得一些成功之后，我被“小说热”咬了一口。大学毕业后，我有不少诗作在文学期刊上发表。我曾在奥克兰博物馆、里特奎克和比特博物馆等著名场所朗诵我的诗歌。我甚至还非常幸运地将一首诗改编成歌曲，并由一支摇滚乐队录播。这首歌在当地电台和全国范围内播出。但我仍然不觉得自己在写作方面有很大的成就。

我并没有打算写一本小说。我的意思是说，真的不打算吗？我想成为像西蒙娜·德·波伏娃、弗吉尼亚·伍尔夫、维拉·凯瑟、库尔特·冯内古特、君特·格拉斯和华莱士·史泰格纳那样的伟大作家。但我很满足于做一个在当地社区小有名气的诗人。

写小说似乎是一个可怕的想法，会误导我开始自命不凡起来。不，我完全不准备开始写小说。我一开始只是打算写一个故事，我的写作指导老师在两年中不断鼓励我，慢慢地我把这个故事写到了 300 页。在完全没有任何计划的情况下我写出了第一部小说。

> 正是有了第一部小说，我才开始明白，成为一个成功的作家，并不只是为了写作。在我第一次尝试为那部小说寻找出版商的几年后，我才明白了写作是一门职业。
>
> 经纪人给我回信，不是拒稿，而是严肃地要求我修改手稿，我才明白了这一点。而我也明白了，如果没有信心，没有承诺，没有共享，我永远不会成为一个成功的作家。

琼的标签故事很是令人鼓舞，她把这个故事收录在最近出版的《你可以成为一个成功的作家》一书中。在多年的小说创作梦想中她了解到，写作是一门职业。现在，她不仅出版了她的第一本小说，而且与客户和写作者分享这个过程。这是琼分享的一部分，她希望别人不要耽误或推迟自己的写作梦想。毫无疑问，传统出版业是一个令人生畏的行业，往往很难突破进入这个行业。但琼很清楚，综合素质加正确的方法可以打开这个行业的大门。她也看到写作成功的衡量标准有很多，每个作者对成功有不同的定义：在本地、全国还是国际上享有名气。琼怀揣着自己的梦想，并让梦想变成了现实，但她认为她的客户不必也这样做。她的标签故事告诉我们，她现在知道如何走进出版社的大门。

个人品牌故事

个人品牌故事源于定义故事和标签故事，将自我定义和在市场上的自我展示浓缩，得到的简短的、令人信服的叙事就是个人品牌故事。这个真实的、有机的过程反映了你的动机和取得的成功，将你个人与客户联系起来，并推广服务或产品。个人品牌故事运用讲故事的艺术，将事实和叙事编织在一起，以引人入胜的方式传递核心信息的价值。

但是，为什么我们要选择讲故事，而不是数据驱动的幻灯片或项目列表？为什么故事会成为分享、解释和销售的首选方式？因为故事的本质是娱乐、激励和鼓舞。它们可以用令人难忘的叙事来简化复杂的信息，并跨越消费者之间的差异。无论我们的语言、宗教、政治偏好或种族多么不同，故事都能将我们联系起来——前提是故事必须是真实的。讲故事是一种人人都能理解的普世性语言，一种触及我们共同人性的古老语言。

当我们运用娴熟技巧来创造个人品牌故事时，我们就是悠久而令人回味无穷的传统的一部分——这个传统有可能吸引新客户并培养忠诚的客户。讲故事的艺术比事实更能吸引受众。它涉及人类大脑左半球和右半球的诸多活动，包括情感、激情和记忆，等等。故事通过具体的感官描述，用文字创造出画面；通过情节的跌宕起伏营造出戏剧性冲突；最后，冲突要得到解决，该采取什么行动。

最近，讲故事已经成为最成功的营销活动的重要组成部分。关于如何利用讲故事的形式创建品牌内容的技巧充斥着互联网。这种营销工具似乎可以越过噪音，将令人兴奋的品牌与普通企业或服务区分开来。当我们的注意力越来越分散，而互联网的内容却在不断激增，知道如何讲一个好故事变得比以往任何时候都重要。一个品牌故事可以给目标受众带来强大的代入感体验，让他们将故事内化为自己的生活经历。**听众成为每个故事里的主角。**因此，如果一个故事讲得好，就会给人留下深刻的印象。

故事创作

什么样的故事才是品牌故事，什么样的故事不是品牌故事？对后者进行分类要容易得多：销售目标、广告、长文、要点、演示文稿或“关于”你的品牌的推销都不是品牌故事。

一个品牌故事要想吸引人，就需要具备一个好故事的所有要素，并将有用的信息编入其中。

- 听众：确定目标受众。谁想听你的故事？谁会受益？
- 核心信息：重点是什么？用六到十个字来定义核心信息。
- 人物：人物都有谁？可能有你！
- 冲突：基本问题、危机或挑战是什么？
- 情节：故事中哪些场景推动了情节的发展？
- 最后冲突是怎么解决的？
- 基于这种经验，该采取什么样的行动？你希望听众做什么？

以我自己创作故事的过程为例，我回顾了我的定义故事和标签故事，并选择了特定的个人细节和事实，将我的叙事浓缩得非常简短，用核心信息和采取行动结尾。这个品牌故事保留了长篇故事的真实性，但针对的听众是当地的教育者、故事讲述者和作家网络。

讲故事的人

凯特·法雷尔很小就会讲故事。到了 10 岁的时候，她在社区的电线杆上贴上标语，宣布她将上演童话剧。作为一名任教一年的教师，她偶然发现讲故事是向中心城区的孩子们传授文学知识的最佳方式。到了 1970 年，作为一名新的图书管理员她已经练就了这一技能。1980 年，她资助并培训教师参加全加州的讲故事项目。然后，她与学乐集团和天才少年等大牌出版商一起出版了关于讲故事这门艺术的教育材料。在不断发展变化的讲故事世界里，直到 2005 年，法雷尔才明白个人叙事是新的民俗——于是，她撰写并编辑了回忆录选集。法雷尔的作品是讲故事的桥梁：从传统的民间故事到真实的个人故事。欲参加有关这一强大艺术的培训和讲座，请联系她。

故事编写

在写我的个人品牌故事时，我回顾了在本章中的另外两则关于发现自我的故事，即定义故事和标签故事。从童年到现在的这些故事中都交织着类似的线索，认识到这一点是一种个人突破。故事的真实性在下列这种情况建立起可信度：在没有人鼓励有时甚至是遭遇抵抗的情况下，我也忠于寻找自己的幸福。我在讲故事方面取得了一些成功，从课堂上的开心一笑，到培训成千上万的教师，再到出版讲故事的教材，都显示出一种创业精神。

然而，在坚持几百年来从未间断的口述传统的同时，我愿意跟上当代讲故事的变化，描绘我品牌故事的真正力量：新旧传统之间的桥梁。所以，这就是核心信息。法雷尔的作品是一座讲故事的桥梁：从传统的民间故事到真实的个人故事。

有一些故事感官形象很鲜明，比如“把牌子粘在电话杆上”和“跌跌撞撞”。但在大多数情况下，我的品牌故事是按照顺序排列的，有明确的日期标记故事发生的时间。这是一个数十年的历程。隐含的冲突是如何促进和调整讲故事的古老传统以适应现代社会的需求。因为我的故事是个人咨询服务，所以行动号召也很简单。

和简历一样，品牌故事也是用第三人称来讲述的。为了压缩信息并用品牌的形式呈现，最好的手段似乎就是与自己的故事保持一定的距离。以叙述者的身份讲述故事，这样听众更容易认同。

本章所概述的过程可以形成一个真实的个人品牌故事——使用定义故事和标签故事的练习和提示来创建一个浓缩的故事。

意义的层级

根据定义，个人品牌故事具有多层含义：它是由一段时间内的关键经历浓缩而成，支持一个核心信息。个人品牌故事简明扼要，切中要害，同时又保留了真实故事的基本要素，将事实与信息融合在一起。了解这些事实和品牌故事的细节，为讲述提供了深度，为回答相关问题或在其他环境中扩充故事做好了准备。在我的《讲故事的人》这个品牌故事中，有一些独特的层次——有些是个人的，有些是与讲故事传统的兴衰及其古老的民间传说相吻合的。

- 孩提时，在无人监督的情况下去离家几个街区远的圣安东尼奥市的罗斯福图书馆。
- 在按照颜色排列在低矮的书架上，发现了安德鲁·朗的童话书。
- 童话的诱惑，不断回到图书馆借阅那一系列 27 本书。
- 展示了讲希腊神话故事的力量，市内学校：详见标签故事这一章节。
- 加利福尼亚州教育部为讲故事提供资助：请参考定义故事这一章节。
- 在加利福尼亚和内华达州的公立学校培训学员，签订了为期 13 年的项目和合作关系。
- 与知名度较高的出版商签订讲故事教材的合同，这是史无前例的。
- 民间故事的衰落和现场讲故事的艺术；文化侵占的冲突。
- 个人叙事、传记和日记作为一种新传统的兴起。

- 对主流文化中的故事讲述感兴趣：Moth、TED、营销工具、品牌。
- 研究个人叙事和传记的写作、技巧和目的，编辑选集。
- 能够在个人叙事中看到民间传说的元素。

个人品牌故事里浓缩了很多东西：每一个大故事里又套着小的故事。每一句话都可以引发话题，都可以在现场演示中使用。个人品牌故事是一个强大的工具。不仅可以明确你的职业历程，还可以明确你自己的动机和核心信息。对于故事创作者的你和响应行动号召的听众来说，这都是一种有益的实践。

故事讲述

当你考虑品牌故事的潜在影响时，继续完善它的各种讲述形式，并根据每种形式进行调整。

你的个人品牌故事已经非常浓缩。作为一种记忆辅助，你可以把故事进一步缩减为几个要点。这样一来，你就可以避免在现场讲述时，把故事按照固定的套路来记忆。

为故事撰写提纲，去掉细节内容，保留关键词，标明叙事弧线。

对于《讲故事的人》这个品牌故事，我列的提纲很简单。

1. 人物：邻居、学生、老师、资助者、出版商、作家。
2. 第一个场景：童年的邻居，早期对童话的兴趣。
3. 第二个场景：教师，讲故事作为一种教学策略，职业培训，全州。
4. 第三个场景：作者与知名度较高的国家级出版社合作。
5. 第四个场景：讲故事的传统不断发展为个人叙事。

6. 结尾：核心信息、行动呼吁。

个人品牌故事不限于现场亲自讲述，也可以作为一个简短的标签故事。但它也可能以文字的形式出现在网站、明信片或宣传手册上。

第四章提供了编写和记忆个人品牌故事的其他方法，包括故事地图、思维导图或故事板等图形提示。你还会发现一些关键的技巧，能够把简短的故事也讲述得有声有色。

“讲故事七步法”是“文字编织故事项目”的原创方法，对于教育工作者来说这是一种非常成功和专业的训练方法，揭开了讲故事艺术的神秘面纱，将其分解为易于学习的步骤。

练习与提示：个人品牌故事

练习：个人品牌故事

1. 在创作和编写你的定义故事时，仔细思考哪些是定义故事。

2. 从你的标签故事中选择关键的故事元素。

3. 如果你还没有创作自己的标签故事，现在就使用这些故事提示创作一个吧。

4. 以这两种故事类型为导引，构筑导向你今天职业使命的一系列故事。

5. 考虑一下早年间发生的一件事，一件能证明你的激情或使命的事。

6. 讲述一个故事，表明你在一段时间内的持续动力。

7. 以叙事弧线的形式写一条浓缩的时间轴。

8. 展示这些事件如何持续推动你完成使命。

9. 结合具体事实介绍一些感官细节

10. 用第三人称写作，为角色创造同理心。

11. 让听众有可能作为主人公进入你的故事中，去认同你，并与你合为一体。

12. 写出你的核心信息和行动号召。

上面这个写作过程发生的前提是假设每个事件都是真实的，实实在在发生过的，是你亲身经历过的。在个人品牌故事中，每一个词或事件都是有意义的——不能欺骗事实。继续写作、编辑、压缩，直到你的品牌故事不超过 10 句话。

故事讲述者分享秘密：个人品牌故事

拥有一个个人品牌故事对出版作家来说是一个福音，因为他们要不停地在读书会上、在巡回书展上或在演讲前介绍自己。他们需要有一个故事快速地介绍自己，并以此来立即吸引读者，也就是他们的粉丝群。在接触读者时这些故事显示了他们对写作事业的承诺，从出版商那里收到的拒稿数量，以及追求写作事业的热情就可以说明这一点。个人品牌故事非常适合放在书的封底或网站的主页上。作为介绍作者的一种方式，这往往非常吸引读者的注意。

故事创作

玛丽莎 · 莫斯是屡获殊荣的儿童文学作家和插图画家，创作了许多广受欢迎的图画书，以及从《艾米莉亚的笔记本》开始的以小作家艾米莉亚为主角的系列儿童读物。玛丽莎还以日记体的形式写过若干历史类文章。玛丽莎对历史有着浓厚的兴趣，并热衷于同孩子们分享历史上的著名事件，这促使她不断创作出获奖的图画书，如《带倒钩的棒球》和《永不睡觉的眼睛：侦探平克顿如何拯救林肯总统》。

故事编写

儿童作家和插图画家

玛丽莎·莫斯讲故事和画画已经有很多年了，好像从她记事起，她就开始讲故事——她还记得坐在家具上讲过故事。她 5 岁时上了第一堂美术课，9 岁时向出版商投稿了第一本图画书（当然被拒绝了），在高中时为出版她的第一本书籍绘制了插图，她一直在画画，直到大学毕业。制作图画书是她一直想做的事，即使收到了编辑们整整一鞋盒的拒绝信也不改初衷。在给儿子买学习用品的时候，她看到了一本黑白斑驳的作文本，这让她想起了自己 9 岁时的一本作文本，这就是《阿米莉亚笔记本》的由来。如今，玛丽莎已经出版了 70 本书，并且正在研究新的写作形式。想看看她接下来要画什么、写什么，敬请关注她的网站。

玛丽莎的读者是儿童，从小学生到初中生都有。她的书是典型的文字加上线描图画，风格独特，非常吸引人。就像她的出版作品一样，她的个人品牌故事与她的小读者有着直接的联系：她和他们一样，在学龄前儿童时期就在墙上或家具上画画。她的读者会认同玛丽莎，认为她是一个任性而富有创造力的人，但她从未与童年的梦想失之交臂。玛丽莎的故事之所以吸引人，是因为她使用了具体的细节，比如“满满一鞋盒”和“黑白斑驳的作文本”。她将自己职业生涯的时间轴压缩成一条清晰的叙事弧线，最后她取得了出版70本书的骄人成绩。由于玛丽莎高昂的写作热情贯穿着整个故事，当读者关注她的网站时，他们往往想知道接下来她会出什么新作品。

故事创作

S.G. 布朗尼擅长写黑色喜剧和社会讽刺，他的作品具有超自然或奇幻色彩的元素。他写的内容包括为公民权利而斗争的僵尸、天生具有偷走他人运气的私家侦探，因接受药物测试而获得超能力的小白鼠。他出版的作品包括小说《喘息机会》《命中注定》《幸运的混蛋》《大我》《不是英雄》，以及短篇小说集《手到擒来》和温馨的假日小说《我看见僵尸吃圣诞老人》。

故事编写

幻想小说

布朗尼从小热爱数学和科学，他认为自己会从事与数学和科学有关的职业。在大学期间，他编写并导演了兄弟会的参赛作品，参加了一个名为“乐队嬉戏”的年度舞台比赛，由此发现了自己在创造方面的天赋。大学毕业后，他在好莱坞的一家后期制作工作室工作，希望能进入电影界写剧本，随后搬到圣克鲁斯写了第一部小说。在写了四部小说、几十个短篇小说并收到数百封拒绝信之后，他出版了《喘息机会》一书，这是他五部社会讽刺小说中的第一部。请查看他的网站了解他最近的动态和最新创作的故事。

布朗尼的个人品牌故事真实而迷人，就像一部小说一样曲折离奇。尽管如此，他仍然忠于自己的创作理念——无论是舞台表演、电影还是小说，他对写作和吸引观众始终保持青春的激情。他对数学和科学充满迷恋，这让我们不禁想问，他是否将这种兴趣融入他的小说创作中，又是如何融入进去的。在这篇短篇叙事中他运用了一些具体细节，比如“兄弟会入会章程”和给戏剧取名为“乐队嬉戏”。当他在好莱坞做编剧，然后出版作品的过程中，我们能够参与到他的希望和梦想中。当作者下定决心寻求出版时，读者会为他鼓掌，会代入式地体验到成功。布朗尼的故事具备了所有好故事应该具备的元素，有时候甚至包含了更多。他承诺会写更多的故事和书籍，这一点进一步激起了我们的兴趣。

故事的材料

> 做人就是要有故事可讲。
>
> ——伊萨克·丹尼森

在这一章中，我们已经涵盖了讲故事这门艺术的新领域，即用于个人和职场人士在公开场合进行自我介绍。了解自己的动机、基本性格和先天技能，可以成为开发市场的手段——如果以故事的形式讲述的话。

本章对这三种故事类型进行建模。

- **定义故事是发现自我的核心**，有能力向他人表达自己的独特身份。
- **标签故事**是短小精悍的推销，介绍你的职业或个性，是推销自己的服务或产品的重要工具。
- **个人品牌故事**将市场上的自我介绍具体化为非常简短的、扣人心弦的故事，以此反映你的动机和成功，将你个人与客户联系起来，用以推广服务或产品。

即使是最短、最浓缩的故事，也必须包含个人叙事的基本要素，才能有效地让人记忆深刻。

- 背景。
- 人物。
- 矛盾、冲突。
- 随着情节发展而展开的叙事弧线，强化冲突。
- 情节中的感官形象。
- 如果可能，在情节中插入人物对话。
- 冲突解决。

六位撰稿人分享了三种故事类型的例子，展示了在书面、网络和面述等不同形式下故事如何成为有效的宣传工具。通过撰稿人的提示和故事摘录，我们揭示了在他们生活和事业中的突破性时刻。此外，我们还示范了如何在每个精心策划的故事中进行研究和寻找意义的层级，进一步挖掘故事的深度，增强与受众或客户的联系。

的确，只要你用心，你可以通过讲故事的艺术来认识自己。虽然你不能亲眼看到自己当时的行动，你可以通过你做出的选择、经历的考验和挑战、体验的快乐和最后的结果来认识自己。秉持着坦诚的态度，通过记录自己的日常故事，你开始欣赏和接受你自己。这种做法对你这个故事讲述者来说，在很多方面都是大有裨益的。通过个人故事来认识自己，你会更加清楚自己行为会带来的后果。你的激情会昂扬起来，你的智慧会说话，你富有经验的声音会告诉你真相。

内心的眼睛，也就是观察自己的眼睛，有时是很难训练的，但是努力训练这样一双眼睛是很值得尝试的。反思是一面金镜，在不断的反思练习中，能找到影响他人的法宝。根据自己的经历讲一个故事，就像把自己看到的东西拍成一个纪录短片，让别人也能看到。当你通过一个有针对性的故事分享你的知识时，你就获得了故事的力量——人类历史上已知的影响和说服他人的最古老的工具。

第三章

家族故事：我们如何生存，如何爱

这个像驮鼠一样爱囤积的人意识到子孙最看重的不是拥有什么，而是能证明我们曾经是什么的证据，是关于曾经如何去爱的记述。我们最终明白，家族故事才值得珍藏。

——艾伦·古德曼，记者

导语

我们的家族，我们的部落。无论我们如何定义，定义为谁，我们的家族就是我们的部落。我们因为共同的经历和传统，因为血缘或者关系亲近而紧密相连。而且正如部落远古的传说是口口相传的，家族的故事也是如此。当我们在节假日、宴会和庆典聚在一起时，我们讲述记忆中的家族故事，并且最重要的是，这些故事由于在岁月的长河中被反复讲述而传承下来。它们承载着我们的价值观、特质、身份，以及我们如何赋予周围的世界以意义。从某种意义上讲，这些故事的集合创造了家族。

我们如何保存经典的家族故事？艾伦·古德曼指出："家族故事对子孙后代是最有价值的，是'值得珍藏'的。"

古时候，传统的故事讲述者联系着过去与未来，使部落的历史、价值观、禁忌、经验和梦想的意义代代相传。故事讲述者通常是一位丑陋的老太婆，她们年轻时拜师学艺，从老师傅那里学习这些故事。因为那时候印刷术还没有被发明，部落宝贵的传说、神话和传奇靠着人类的记忆流传千年。

岩石和洞穴墙壁上的符号可能是用来帮助部落以及故事讲述者记事的，她们把故事大意写在树皮、沙子或者树叶上。典礼上跳的舞蹈，例如波利尼西亚草裙舞，通过一系列复杂的动作和节奏表现远古故事的内容。在歌曲、咏唱和诗歌中，连贯的节拍和措辞有助于故事讲述者记住长篇故事，甚至是记住需要讲述很多天的史诗。文身，脸上和身上的彩绘蕴含的信息象征着关于族群的来源和神话。

当今社会，数字化的存储手段层出不穷：文字处理程序，博客，电子邮件，社交媒体，网络聊天，短信，即时通信，数显，视频平台和会议系统，以及云相册。尽管有如此多的选择，家族故事仍然是转瞬即逝的，或许很容易烟消云散。由于当前电子媒体占据人们日常生活的中心位置，家族珍贵的传说将随着时间的流逝失去内容。现实中人类的声音看起来似乎过时了，故事讲述者落伍了，我们个人的历史也不重要了。

我们和家族成员共同拥有的记忆通常是不完整的、容易变化的，在讲述的时候没有明确的目的。我们可能忽略了一些发生过的重要的家族故事，或者忘记在故事中融入更多新近的经历。长此以往，家族故事可能变得随意或者肤浅——它们的意义丢失了。然而我们的家族故事一旦具备了可记忆的形式，则依旧能被保存下来并世代流传。正如尚未开化的原始部落在故事中传承着共同的身份归属感、历史、价值观，所以我们能找到一些令人欣喜的新的途径，这些途径既保留家族传统的故事讲述方式，同时创新这种讲述方式。

没有什么可以真实替代现实中的人际交流，它是口述传统的标志，但是有一些方式可以记录并保存家族故事的原始内容。通过学习本章节的一些技巧，了解如何创造、勾画并讲述家族故事，我们能够把重要的家族故事完全呈现出来，并打造出一种故事结构，使得这些家族故事在不同的媒介中被反复讲述。

家族故事很重要。家族故事直接关系我们如何看待自身，因为我们从中知道我们从哪里来，到哪里去。每一个家族故事就像是一条杂拼花布棉被上的一个图案，家庭制作的棉被丰富多彩，与此相似，家族故事也是我们继承的文化、历史和传统的集合体。**就像抱着棉被一样，故事也带给我们舒适：让我们感受到一种归属感，同时创造出一种身份内核，这种身份内核是伟大的动力之源。**分享家族故事能够让我们的子孙，无论是作为个体还是作为家族一分子，都能形成一种自我意识。家族成员总体上具有更强的自尊心，更强的适应能力，因为他们能够从根深蒂固的家族身份认同中汲取力量并为光耀门楣而努力。

家族叙事研究者、《家族叙事和自传性自我的发展》一书作者罗宾·菲伍什指出说过，一种不间断的、动态的交流对听众和讲述者都是有价值的：

> 因此，讲述家族故事当然会把人生学问传授给下一代。但同时我们也通过其他人的眼睛听到我们自己的故事，从而对我们自身有了新的了解。

如果我们不通过位于核心地位的家族讲述从而保存我们的家族

故事这一宝贵财富，我们将因为不作为而失去它们。每一代人都将被主流媒体定义并被赋予一个肤浅的群体身份：婴儿潮，千禧一代，外来移民，等等。**在这一章节，我们将讨论如何在家族故事消失之前构思、创作并讲述家族故事。**利用讲故事的技巧，我们将拯救我们珍贵的故事——我们的家族传说、秘闻以及财产故事。

家族传说

家族传说是真实故事和传统的大杂烩，这些故事和传统来自过去和现在数代人脑海中的经历。或者是口耳相传，或者是用某种形式记录下来，它们通过讲述的艺术得以流传。家族传说和基因学或者家族历史研究最大的不同就是讲述故事——被保存下来的关于过去的数据和信息。家族传说是一代人一字一句讲给另一代人并让故事流传下来的古老习俗。因为家族传说是一个家族日常生活的一部分，所以它总是不断变化并发展的。

家族传说既是传统的，又是不断演化的。它属于整个家族，属于家族所有分支以及每一个置身其中的成员。每一代人塑造或者改变从上一代人那里听到的故事，同时为故事增添新的素材和篇章。今天随着社会快速变化和技术日新月异，我们也许认为上一代人生活在完全不同的历史时期，但是他们故事中蕴含的智慧对后世依然具有巨大的价值。

整理家族传说是一份具有挑战性的工作，可能需要你在很多方面直接参与家族活动。你想着要务实一些，可能希望从有限的来源收集、创作并讲述故事并分享给你最亲近的家族成员。尽管如此，保存过去的故事仅仅是任务的一部分，当你整理的故事增加了新的内容，你还要用眼睛去看，用耳朵去听，用心去记。新的传统和已经传承数代的传统一样重要。所以，即使你关注的焦点是你所在的支系，你的注意力仅限于住在附近的家族成员，你还需要找到一种可行可控方法：如何同时组织好远古的传说以及新的传统和不断变化的今天发生的故事。

故事创作

无论是大范围还是小范围收集家族传说，最理想的就是从你自身开始。当你搜寻头脑中关于家族的记忆中并思考哪些可以称之为故事的时候，你将提升回忆更多细节的能力。你感觉头脑中浮现出一些地方和人，一些图像明晰了，一些对话内容也清楚了。一旦进入故事创作过程，你在采访和整理故事中有更强的能力引导其他家族成员。

对于家族事务，你难免形成自己独特的观点以及历史性的视角。但是要知道你的印象仅仅是开始。家族成员对同一件事情往往秉持不同的观点，对同一名家族成员的看法也经常是千差万别。

尽管如此，继续从你的记忆开始并不断修正你的记忆。

- 让记忆回溯到过去。
- 用新的视角打开思路。
- 检验信息的准确性或者通过采访你的亲属来证实。
- 确认信息上有哪些鸿沟。
- 收集新的代际间的故事。
- 了解今天新的传统。

你最终的目标是在过去发生的家族故事和你眼中看到的家族故事之间，成为立场几乎中立的旁观者。

例如，我开始把自己看作一位家族经历的旁观者，我记得当时我是这么做的：

> 我的父亲从军事基地带回家一副精致的双筒望远镜并放在起居室的桌子上。那时候我6岁，还是一个瘦弱的小女孩，但是我拿起望远镜，坐在房间一个隐蔽角落的地板上调节镜头的焦距。我被望远镜深深吸引着，从镜筒观察我们家的日常生活，并用很快的语速大声地播报，就像纪录片里的画外音。"我看到爸爸了，他穿过房间寻找我的弟弟，我弟弟正在某个地方哭喊。哦，爸爸在后院找到了弟弟约翰尼，现在正在把他抱回房间。"然后我的望远镜镜头一直追着爸爸，就像用电影镜头在跟拍他。我一直这样做，直到爸爸有些生气了："凯蒂，不要这样。"被别人用望远镜盯着一定不自在。

当你重述一个家族故事时，设想自己是墙壁上的一只苍蝇——一动不动的摄像机镜头——报道正在发生的事情，尽可能多地关注真实、准确的细节。注意故事发生的时间，年份、季节和具体日子，要小心谨慎，在家族记忆中仔细找出新的信息。一旦你集中精力找，你会惊奇于自己的发现。

当你在家族记忆中搜寻素材并把它们融入故事，你不可避免地从个人的视角出发。有一些讲述的完全是关于你的故事，另外还有一些可能会更中性一些，比如你重新讲述你妈妈告诉你的关于你外公的故事。如果是这样，你将成为一位更客观的讲述者。不管怎么样，每一个故事应包含以下基本要素：

- 故事背景。
- 人物。
- 冲突，矛盾，悬念。
- 随着情节发展而展开的叙事弧线，强化冲突。

- 情节中的感官形象。
- 情节中的人物对话。
- 冲突解决，结局。

当我在记忆中寻找家族故事，我发现自己想到的是人、地方或者物品，尽管历经数代人，但是大多数家族成员还记得它们。我想到放置在一个付费托管的存储柜中的物品：家族档案。浮现在眼前的是一块木制的马厩铭牌，它代表着20世纪40年代我祖父费希尔的一匹赛马。我们穿过马厩铭牌周围的房子，想起它就想起那匹拿到过冠军的赛马——马厩相比马蹄铁更像是幸运符。我的思绪一直停留在翠绿色的马厩铭牌上，想起那次赛马比赛的胜利是在一个夏天——这个家族故事就成形了。

传说常常带有一点点巧合和奇迹。下面的故事就有这些元素，但最重要的是，这是个带给人力量、让人树立信心的故事，是可以为家族杂拼棉被增光添彩的故事。

凯蒂·费希尔

我的祖父养了一群赛马——不是很出名，甚至没有一名赛马骑师。他的乐趣是轻驾车赛：车夫驾驭两轮马车，再套上赛马。从20世纪20年代起，他就在中西部的县城集市上参加比赛。祖母说在大萧条的年代祖父也不愿意舍弃他的马匹，而且竭尽所能饲养它们。

40年代末的一个夏天，我们来到位于伊利诺伊州基瓦尼市的祖父家，那时候我8岁，我哥哥10岁。我们在阁楼里发现了宝藏，众多的比赛奖品，镀金或者镀银的奖杯，前蹄跃起的马的塑像以及大浅盘。那时候祖父用每一位孙子或者孙女的名字来命名他的赛马。但是我的名字凯蒂·费希尔却被用在一匹没有得过冠军的小母马身上。我们渴望看到它参加比赛并赢得胜利。

终于等到那一天，我哥哥和我骑着马，跟着祖父祖母来到伊利诺伊普林斯顿的集市上观看有凯蒂·费希尔参加的赛马比赛。我们顺着白色的木台阶来到赛马场正面看台，看到椭圆形的赛道尘土飞扬，凯蒂飞奔着，第一圈，第二圈，最后到了冲刺时刻，我们在露天看台的座位上又蹦又跳，大声呼喊着："加油，凯蒂·费希尔！"它离终点越来越近了——并且一马当先冲过终点线。它赢了！我们尖叫着。

赛后，我离开家人走到马厩旁。我通过铭牌找到我的赛马，翠绿色的铭牌上写着金色的字母：凯蒂·费希尔。它从马厩半截门上探出头，我对它肃然起敬，走到它身边，钦佩地看着它闪亮的、栗褐色的皮毛，充满力量的、健美的肌肉。它矗立在我身旁，我不敢触摸它伸过来的鼻子，但是身子离它更近了。它好像在正视着我，我听到它无声的话："你也能做到。"

我知道它的意思是希望我像它一样，赢得我人生的比赛。它是我的图腾，我同名的朋友。

很多年过去了，关于祖父赛马的记忆只剩下那个木制的马厩铭牌：凯蒂·费希尔。它从一个地方到另一个地方，被不同的家族成员保存。凯蒂·费希尔是我们的传说，是一种勇于胜利的精神。

故事编写

为了设置这则家族故事的背景，我研究了关于轻驾车赛的一些详细资料。它是一项古老的运动，现在在美国的赛场上几乎看不到了。但是在古代外国的历史上对它有记载：公元1500年前的亚述国王为赛马修建了精致的马厩，还配备了职业驯马师。在公元前7世纪的奥林匹克运动会上，出现了4匹马牵引战车比赛，在这之前还有两匹马牵引战车比赛。现代轻驾车赛因为拉车的马匹的减少，汽车的出现以及汽车比赛的兴起而式微了。

我小时候就认为轻驾车赛很有吸引力。我觉得凯蒂·费希尔和其他赛马是自尊心更强的品种。它们从来没有被赛马骑手骑过，没有被套过马鞍，或者被鞭策到怒奔。轻驾车赛中马匹的步态是程式化的，在比赛中从头到尾都不能违反程式。参赛的马匹，或者溜蹄子的马，在行进中同侧的马蹄要同时离地或者着地，所以起码在我看来——它们好像是跳一种节奏很快的舞蹈。

我虽然没有把这些研究成果运用到故事本身，但是它使我对轻驾车赛的理解更权威，让我更欣赏参赛的马匹——欣赏它们的实力和优点。观看赛马和赛马比赛本身都是有危险的事情，故事的悬念是期待着我们支持的凯蒂·费希尔是否将赢得比赛，我们是否在现场见证它的胜利以及它将带给我们什么影响。

研究轻驾车赛的历史强化了我的记忆，我对那天的比赛，对冠军凯蒂·费希尔在比赛场上的表现印象更深刻了。

意义的层级

我惊奇地发现在我8岁那年夏天，县城集市上的一次赛马对我、也可能对整个费希尔家族的意义有多么重大。以我名字命名的比赛冠军从那以后一直激励并影响着我的人生之路，这在今天看起来似乎还有些奇怪，因为我只观看了一场赛马比赛，而且只去马厩看了它一次。但是凯蒂·费希尔超越了生命，它始终没有离开我的家族：一匹神奇的赛马——它是祖父对我们爱的表达。我认识到：

- 动物和宠物是家族的一部分。
- 动物可以超越生命而存在。
- 动物可以交流情感。
- 特殊的、有象征意义的动物可以作为我们精神的向导。
- 传家宝能成为图腾或者带来力量。

用木制的马厩铭牌切入，把这个故事讲给周围的人是有效果的，还可以用上其他关于祖父赛马时期的值得纪念的物品：相片，新闻报道和鞍褥。邀请其他家族成员分享他们关于祖父的记忆，赛马手和养马师，这将用一种自然、传统的方式丰富故事讲述的内容。

故事讲述

当你讲述家族故事时，你或许发现家族其他成员会为故事补充一些细节或者对故事内容有不同意见。每一次讲述都帮助你接近故事的内核——大多数家族成员都能接受的基本事实。你越是考虑故事更宽泛的意义，它越有可能被作为家族传说流传下来。

你一旦为家族故事确立了明确的叙事弧线，把这种模式简化成简明扼要的提纲。这样你能自如地讲述故事，根本不需要记忆。

为故事撰写提纲，去掉细节内容，保留关键词，标明叙事弧线。

例如，凯蒂·费希尔的故事提纲如下：

1. 背景：祖父费希尔，中西部地区的轻驾车塞，伊利诺伊。

2. 人物：祖父，孙子，赛马。

3. 第一个场景：故事发展，堆满比赛奖品的阁楼，对锦标赛的期待。

4. 第二个场景：故事发展，县城集市，正面看台，赛道，欢呼，胜利。

5. 第三个场景：结尾，马厩，凯蒂·费希尔，传达争取胜利的信息。

6. 尾声：马厩铭牌，财富。

利用提纲练习讲故事，把你的笔记存储在电脑文件夹或者打印出来放在文件袋中。你或许想要把此类家族故事制作成音频或者视频资料。你也可以开通供家族成员观看的 YouTube 个人账户，开发一个简单的网站或者制作一系列播客作品。

在第四章节，你将接触到利用情节串联图版、故事地图、思维导图，编写故事提纲的其他几种方式，你也会看到关于有效表达的一些提示。

“讲故事七步法”是“文字编织故事项目”的原创方法，对于教育工作者来说这是一种非常成功和专业的训练方法，揭开了讲故事艺术的神秘面纱，将其分解为易于学习的步骤。

练习与提示：家族传说

记忆触发器

- 照片、纪念品、首饰和其他物品是有效的记忆触发器。
- 亲戚家的相册和重要事件的纪念品能让人想起故事。
- 去家族曾经居住过的地方，拜访邻居或者参观那座城市。
- 故地重游：做笔记，拍照片或者记下你的所思所想。
- 回想你最喜欢吃的家族食谱。

把家族成员看作故事资源

- 通过询问亲戚一些人或者事，从而帮助你改进关于一个完整故事的记忆。
- 在家族聚会时用音频或者视频手段记录家族故事并交流关于家族故事的记忆。
- 注意记下交谈中的片段和原始素材并在此基础上创作成熟故事。
- 回忆一个世代相传的故事。
- 回忆你的父母或者监护人讲给你的事。
- 回想听说过却永远不会忘记的关于你童年时期的事情。
- 什么故事是所有家族成员都知道的？
- 回忆祖父母、叔叔婶婶或者其他长辈讲过的故事。

当你想找一个故事来讲述时，让上述所有的回忆和故事浮现在脑海。选择一个有简明提纲的故事，并且故事要有开头、有情节发展、有结尾，有冲突、问题、悬念、张力或者奇遇。

把你创作过程的最新信息保存在最适合你的媒介中：笔记本、电子文档、记录片段或者剪贴簿中。随着不断收集素材，你最好建立一种组织体系，它可以是简单的时间轴，或者是家族成员名单，甚至是定义你听到的家族传说的主题。

故事讲述者分享秘密：家族传说

家族传说为故事提供了丰富的内容，这些故事可以在舞台上演出，在家族内部聚会或者在第一次约会时讲出来。每位家族成员头脑中都有各种各样的故事，滑稽的、冒险的、悲伤的，我们可以选择最适合观众听的故事，有时候我们可以故事讲给家族成员，他们虽然之前听过，但是希望再听你讲一次或者把故事分享给新的家族成员。

两位讲述者分享了有趣的家族故事，体现了家族传说活泼的特性——在家族传承过程中，家族传说是如何随着时间发展而变化的。

故事创作

作家和故事讲述者克莱尔·亨尼西 2008 年从英国移居加利福尼亚，心理适应上的障碍促使她不得不开始写作，把它作为一种廉价的治疗方式。她是旧金山湾区写作团体——“妈妈的写作”的创始成员。她已经出版了四本文集，包括获奖作品《她做到了：关于自立自强并一往无前》《只有真理是帮助我的上帝》。她在点燃·震撼、点燃·爬行、飞蛾、沼泽以及其他讲故事的舞台或者大会上都讲过故事。

家族传说

克莱尔·亨尼西

我如何选择一个故事？我喜欢讲有趣的故事，所以我从那里开始。记忆中有什么事让我发笑或者局促不安？窘迫是我选择故事主题的主要因素。我也会给家人讲故事，特别是我的两个妹妹。我在笔记本上草草记下一些偶发事件，然后通常以要点的形式补充完善相关事实。我尝试着确定故事主要情节和特别之处。它与其他人的故事有什么不同呢？笑点在哪？

如果手头准备好故事细节，我就新建一个文档，然后开始打字。我敲击键盘时就好像在向其他人讲述这个故事。有时候我假装这样做，大声讲故事并用手机记录下来，然后再转换成文字。我写完第一稿后会把稿子放一边，大多数时候放上一夜。等我再回过头看，经常会发现一些写得不够清楚的地方，或者想到一个更有意思的表达方式。我也会大声朗读，因为这样更容易发现哪些句子太长或者结构不合理。

克莱尔选择并创作要讲述的故事的过程很无可挑剔的。她知道她的最终目标是在舞台上把她的家族故事讲给渴望听讲的听众。尽管逗笑大家是她的目的，但是她创意过程清楚表明故事要真实可信，情节要独特、动人。向家族成员请教有助于增加故事的真实性，增强她讲好故事的信心。她首先考虑的是观众的感受，所以她熟练而成功地用口语讲述故事。从了解故事到记下要点，到自由写作，再到音频记录，最后确定终稿，这些体现了她作为故事讲述者的专业精神。我们已经能听到听众的掌声了。

故事编写

生日传统

克莱尔·亨尼西

我们一家喜欢庆祝，圣诞节、周年纪念以及一些特别的事情（比如体重减少或者剪了个不错的发型），但是最重要的是，我们喜欢庆祝生日。这么多年下来，我们家形成了一些稍微特别的传统。

首先，生日当天早上，我们全家人在一起为寿星合唱"生日快乐"歌，不过都是用搞怪的声音、尽可能跑调地唱，声调前高后低，还有令人难以忍受的颤音，还有哈哈大笑的声音。关键是对于接受祝福的寿星来说，绝不是美好的体验。这个传统的起因可能是全家人都不擅长唱歌。

我来给大家讲一讲我的五音有多么不全。我儿子初学走路的时候，我带他参加一个母婴小组的活动。活动的最后一项内容是妈妈们把自己的孩子放在腿上围坐一圈，然后唱童谣。唱的中间我忘记我应该只张嘴不出声了，我儿子转过身，用他胖乎乎的小手紧紧捂住我的嘴，逗得现场所有人忍俊不禁。从那以后我的习惯就是唱歌时表演哑剧，以至于从其他国家来的人一度认为这是英国人古老而奇怪的传统，甚至还要模仿我这么做。就好像唱歌的传统还不够令人尴尬，我妈妈坚持让孩子们用一种非常独特的方式切蛋糕。我们被告知要把刀子反过来拿（所以我们用刀背），用力压着刀子切进面前的蛋糕，无论是

> 哪种样式的蛋糕，不过希望不是家庭制作的，因为这不是妈妈的强项。在切蛋糕的同时还要大声欢呼并许下愿望。妈妈告诉我们如果不一一照做，愿望就不会实现。如果在酒店公开举办的生日宴上这样做，我们特别感到难堪。她从来不解释为什么这样做，而且总是听不进去别人的意见。
>
> 奇怪的是，尽管我自己小时候深受这件事的困扰，但是我还是忠实地把这个传统传给我的孩子们，而他们也因此而感到非常郁闷。

这是一个非常精彩的家族故事：它既是一种自嘲式的幽默，同时也表达了自豪之情。克莱尔对家族奇特的庆祝生日传统明贬实褒，似乎是在展示这些传统难以说清楚的奇妙。克莱尔利用能感知到的细节以便刻画身临其境的体验：用描述性形容词形象地表现唱歌的声音，在描写切蛋糕环节时用一些醒目的动词，例如“用力”“欢呼”。整个故事的细节描写很到位，情绪基调也很合适，让我们感觉到这个传统是真实的。

讲述者先后分享了两个传统，我们也了解了讲述者内在的家族传说和文化。一个传统建立在另外一个传统之上，一起讲出来效果将叠加，同时设置悬念，并让人感到轻松愉悦。克莱尔让孩子们接受这个让人头疼的庆生传统，这是一个精彩的故事结尾：为脑洞大开的创造性而庆祝。这个例子充分体现了英国式的冷幽默。

故事创作

霍梅拉·吉尔扎伊是一名作家、演说家和阿富汗文化顾问。她开设了人气博客——“阿富汗文化揭秘”，为外界打开了一扇了解阿富汗文化和饮食的窗口。她通过讲故事来展示阿富汗丰富的文化、美味的饮食以及她的家族传统，使人感受到这个国家的吸引力。霍梅拉的作品发表在《安可》杂志，《月亮女神：152 则阿富汗普什图语谚语》以及《媒介》上。

霍梅拉·吉尔扎伊

故事像照片一样，最合适近距离欣赏。我选择的故事不仅对我来说是有意义的，而且通过故事向读者传递了我的祖国阿富汗的文化。我的写作不是有组织的、极度兴奋的或者带着灵感的过程。我在写作的第一个小时会浏览社交媒体，例如《纽约时报》网站或者其他各种娱乐性内容。当我感到一丝内疚时，我打开苹果手机番茄钟，定时 25 分钟，然后拿起笔开始在笔记本上写作。有时候会写得一团糟，不过也有时候能写出一些佳句。我会根据写作故事的长度设定时间的长短，但是一直遵守这条自我制定的规则。

当我积累了足够多的故事素材后，我会犒劳自己一杯小豆蔻茶，然后把所有内容敲到电脑上，并且边输入边修改。这只是漫长的编辑过程的开始，在这期间，我会删改文章中很多不通顺的地方，再由我老公，一个有点不情愿但是工作上一丝不苟的编辑，阅读我写的内容。他常常把我的稿子拆得七零八落，然后我再修改一遍。我也试着撰写提纲，但对我来说，通常最习惯的是在散步或者做饭时在头脑中进行构思故事。我基本上先确定故事结构，然后坐下来写。但是，没有什么能替代修改这一步骤，特别是一个值得信任的编辑的帮助。

霍梅拉邀请我们到她家喝茶，并分享她个人创作故事的过程，她希望通过故事展示阿富汗文化的魅力。她在一个能得到即时回报的系统里写作，家中还有一名编辑。她从基本的故事框架开始，在限定的时间段内约束自己进行自由写作和修改润色，经过数次改动来丰富故事内容。很明显霍梅拉在写作中带有鲜明个人色彩，然而她的作品很容易走进读者心中——我们马上被她的文字吸引了。她的幽默是另外一个了不起的天赋，当她把自己的一些小怪癖说给我们时，更是拉近了与听众的距离。

故事编写

我的阿富汗娘家人如何拯救圣诞节

霍梅拉·吉尔扎伊

我想起 1998 年我丈夫吉姆和我第一次在家里举办圣诞假期聚会的故事。尽管我和吉姆的家人一起度过了好几个假期，但是在那之前我从来没有以女主人的身份操办过聚会。现在回过头来看，准备圣诞聚会的晚餐对我来说是小菜一碟，但是再仔细一想，当时有几次失误的地方：

1. 我从小到大没有过圣诞节的经历。

2. 我不知道怎么做饭。

3. 我甚至不清楚按照传统圣诞节应该吃什么。

跟吉姆商量后我发现他还没有我知道得多，于是我制定了一个欢乐日计划——圣诞节上午去街上的百吉饼店买一些现做的百吉饼、熏鲑鱼和奶油芝士。至于圣诞节晚餐，我给附近的一家高档的食品商店打电话预定了全套餐："自制"火鸡，填料，土豆，面包卷，蔬菜和甜点。到了圣诞节早晨，我来到菲尔莫尔大街上，看到街上的每一家店铺都关着门，包括那家百吉饼店。我惊奇地发现圣诞节的一切东西都被"关"到里面了。不仅是百吉饼店，还有食品商店也不营业了。我跑回家，把吉姆从睡梦中叫醒。

"你知道圣诞节所有店都不开门吗？"我问道。

"是啊，每个人都知道这件事啊。"他回答。

显然，这里的"每个人"并不包括我。我惊慌失措地给我妈妈打电话。我妈妈一听说我婆婆全家人将因为我的过错而吃不上饭，不仅是一顿，而且是两顿饭，一下子也慌了。她在气恼中忙活了一上午，然后打电话告诉我说会把全家人的晚餐省出来，提前做好送过来。晚上 5 点半，我弟弟瓦希德出现在我家门前，手里提着两只热乎乎的烤鸡，还带来了一些配菜。我婆家人不了解我们阿富汗人，特别是我妈妈有多么热情好客，所以他们感到不可思议的是，为了让我们不错过一顿特别的圣诞节晚餐，我的娘家人宁可省出他们的晚餐。

家族传说应该是听起来舒适的，并且是包容的：霍梅拉的故事用一种朴实的语言与我们分享她家的圣诞节经历。我们与她一起感受她遇到的假日囧事：一位新婚的阿富汗女士如何在圣诞节招待作为美国人的婆婆全家？她选择的故事标题说明了一切：她希望在阿富汗的村庄招待婆婆全家。

因为苏联入侵阿富汗，霍梅拉 11 岁时随家人去国外逃难。尽管有这段经历，但是她不了解美国人过圣诞节的传统。她的家人在假期休假，节假日过后购物，但是没有互送礼物的习惯。她对情况的不了解是故事的大背景，所以她精心制定的招待计划遭遇挫折。通过霍梅拉手足无措地给她妈妈打电话求助，我们不仅看到她当时的尴尬境地，而且也能感受到文化差异所造成的困境。对于她阿富汗的娘家人来说，没有热情招待好尊贵的客人，不仅对他们的家族，而且对他们的卡拉（家族聚居的村寨），对他们的部落，甚至对他们所在的省，都是一种耻辱。两种传统在圣诞节的交融构成了一个精彩的故事：说明随着家族的迁移，家族风俗也改变了。

家族秘密和阴影

没有什么比家族秘密的声音更大——它纠缠并刺激人们，直到有人把它说出来。秘密隐藏在平常的现象之下。人们总是窃窃私语地传播一些流言，脑补一些奇怪问题的答案，或者寻找一些不断变化的故事的细节。但是正如共同享有的家族传说给人以力量和身份感，不为人知的家族秘密将损害人与人之间的信任。顽固地深藏心底的并让人误会的秘密侵蚀家庭成员之间的信任。心细的家族成员如果感知到一些隐藏的秘密，可能会变得胆怯，或者把内疚和耻辱感藏在心底不愿与人分享。最后，家族秘密孤立了——使家族成员之间隔阂了，也使整个家族从社区中孤立起来。

保守一些家族秘密比保守其他家族秘密带来的伤害更大。造成创伤的秘密，打破禁忌的秘密或者改变人生的秘密，如果说出来将非同小可。一些重要的秘密只能在私底下、在家族内部交流，并且只能在心智足够成熟的大人之间分享。当然，当大多数孩子长大成人后，他们应该尽可能多地了解家族最主要的秘密，这些秘密他们之前虽然不知道，但是已经或明或暗地影响他们的生活。

正如心理健康教育专家和《他们保守的秘密》一书作者苏珊妮·汉

得勒指出的那样：

> 在家族内保守秘密可能产生一种伪真实感，特别是在孩子之间。当孩子最终被告知真相，无论是父母说出来的，或者更糟糕，是家族外的人说出来的，他们可能感到他们的世界不完美了。无论孩子年龄大小，家族秘密对他们的影响都是深刻的。总是习惯性对孩子保密的父母应该知道这样做所产生的影响，即孩子将来很有可能也不把秘密告诉他们自己的孩子。

考虑到家族秘密的敏感性，故事讲述者应该小心谨慎。家族中有人将永远不会接受真相，即使真相有一天摆在眼前。当然还有人因为最新讲述的故事而感到释然或者心中的石头落地了，这些故事给人带来一种揭开谜底的感觉。对很多人来讲这是一种有力的治愈过程。当然，也有家族成员认为秘密很有意思，把它们当作娱乐性的东西添油加醋地讲给人听。作为家族成员和故事讲述者，以一种负责任的、能经得起时间检验的方式分享家族秘密通常是一种挑战。

秘密创作最好的故事。秘密能够为虚构作品提供动机、情节、人物甚至背景。从《包法利夫人》到《嘉莉妹妹》，从《蝴蝶梦》到《大小谎言》，从惊险小说到传奇故事，从推理小说到女性小说再到科幻小说，故事经常围绕秘密展开。大量书籍内容简介含有“秘密”这个词。秘密能吸引读者，并使作者创造出超级烧脑的情节。在女性小说和回忆录中家族秘密是常见元素。为了制造卖点，没有什么比书上写着“不为人知的家族秘密”更合适的了。

故事讲述者如何利用这种强有力的剧情转折：公开被隐藏和保护得很成功的秘密？在家族传说中，最好从你自身开始讲，并且讲家族秘密是出于你自己的需要——只要向与你关系最近的家人讲。这里是开始的好地方：秘密像涟漪一样流传了好几代人，无论如何把它讲出来，它就开始消散了。

故事创作

当你思考从亲戚那里听到的或者研究发现的关于家族的秘密时，选择那些揭示的真相对你最重要的秘密。哪些秘密对你的身份认同帮助最大并且帮助你解答了曾困扰你的问题？选择那些对个人最有影响的秘密并添加到你要讲的故事里，存储在笔记本电脑上或者记录下来。你分享了一些秘密后，其他家族成员可能会受你影响而讲述他们知道的秘密。

例如，我的家族就有太多的秘密。甚至在我很小的时候，我就对父母的奇怪举动感到难以理解：为什么我们经常搬家，为什么我们住的地方离其他亲戚很远？因为我妈妈不知道原因，她也困惑了几十年，然后她因为发誓要绝对保守秘密，直到我 30 多岁才开始理解他们为什么这样做。这么多年过去了，我还持续感受到隐藏的真相带来的影响有多么深远。诽谤性的秘密确实对我和我两个哥哥的童年造成了无法挽回的伤害。

秘密：1939 年我父母在天主教教堂结婚后，我父亲发现自己是同性恋，当时在美国大多数州同性恋是犯罪行为。他听从别人的建议，决定假装自己是异性恋并结婚，用家庭作掩护。这个特别的家族秘密被深藏了几十年，毫无疑问它对我的人生故事、对我的童年家庭以及对我们身边的人都很重要。一直到我父亲的性取向不再被当成犯罪，这个秘密才被大家知晓，多么令人惊骇，他们当然有理由对这个问题保持沉默——但同时也是一种否定。几年前我父亲去世时，与他的妻子、也与自己和睦相处。那么现在如何讲述这个家族故事呢？

要单独讲好家族秘密的故事，在清晰的叙事弧线中应该至少包括三个部分：

开始：秘密造成的张力和冲突以及最主要的影响；

揭秘：经过一段时间秘密被部分或者全部公开；

结尾：真相和解释，接受或者否定。

每一个场景都要包含一些基本的故事元素：

- 背景。
- 人物。
- 情节中的感官形象。
- 情节中的人物对话。

当我回忆父亲的秘密，思考它是如何在不知不觉中影响我们所有人，我还想起父亲的嫡亲表兄弟比尔。比尔的秘密和父亲一样，但是他选择了不同的生活道路。但是他们两人都生活在阴影下。

食品店：一件悬案

20 世纪 60 年代初，我刚从学校毕业，住在旧金山。我祖母从伊利诺伊州基瓦尼市给我写了一封信。“你有时间去看望你的表叔比尔，”她在信上交代，“他是我妹妹艾达的儿子，在中心大市场的商店工作。”

我回信说一定去找比尔，因为我的小卖部位于时尚的菲尔莫尔大街与加利福尼亚大街交汇处，沿着山脚下离他那里只有两个街区。我见到比尔很兴奋，提出邀请他来我这里玩。我很疑惑为什么之前从没听说过比尔，因为我的父亲几乎很少提起他的亲戚——他与大家保持距离。

我发现比尔站在熟食店柜台里面，身边的白色大柜子里盛满昂贵的美食，能享用它们的是住在菲尔莫尔太平洋高地豪宅区的社会上流人士。比尔和我父亲长得很像，明亮的、浅蓝色的眼睛，朝天鼻，窄脸庞。他的眼神让我想起像精灵一样小巧的祖母，也就是他的姨母。

但他和他的朋友唐一起来找我时，我和比尔的友谊就画上了一个冰冷的句号。唐的头发稀薄，梳着黑色的大背头，坐在起居室里盯着我和我的室友——从事艺术工作的南希。南希向我递过来确认的眼神，我们彼此都发现唐才是老大——他既是杂货店的经理，同时很明显也是比尔的领导。比尔几乎不说话，无助地扫视三三两两摆放着几件家具的房间。我室友和我都读懂了信息。

他们离开后我和室友窃窃私语。“嗯，你是否认为他们是基友？”我很新潮的室友说道，“还有，那个叫唐的人一点也不想让你靠近你的表叔。”后来，每次我到中心大市场购物，都会在比尔工作的熟食店柜台停下来，仅仅是跟他打个招呼。我们偷偷地互相看几眼，比尔只能无声地表示抱歉——他浅蓝色的眼睛里写满遗憾。我从附近的街区搬走了，不过比尔和唐一直在那个高档食品店干得有声有色。我为比尔感到高兴，直到 1993 年 5 月，我偶然在《马林独立日报》上看到关于他去世的讣告：没有已知的幸存者，葬礼不举行宗教仪式。葬于伊利诺伊州基瓦尼市。唉，比尔，我的心中满是遗憾。

故事编写

对我来说把自己同比尔的简短交往写进故事是一个心理治愈的过程。我呈现了见面时的情景并在脑海中放大：关于食品店和宽大的柜台的细节描写，像悬案一样无法跨越的障碍。我回想起比尔的眼神，它们是多么有表现力，从看到我时的高兴，到紧张地瞥视，再到站在玻璃柜台后痛苦地凝视。比尔不需要说话，我理解他的焦虑不安。有太多的风险——他的秘密生活，他的关系，他经济上的富足。我真的尊重这些原因，只不过我的祖母还被蒙在鼓里。我还发现始终萦绕在心头的是对错过与表叔之间的友谊的遗憾。当我写完关于他的故事，我开始认识到接受比尔以及他孤独地离世这一事实是一种疗伤的方式，也是对他选择的生活的最终认可。

简单的网络搜索弥补了我和比尔的隔阂，帮助我掌握了更多关于他的信息。我了解到二战期间他在加利福尼亚蒙特雷军事要塞服役，是训练有素的专科医生，二级准尉。我能推测出正是在这一时期，他认识了唐，接触到旧金山地下同性恋群体，战后开始在那家食品店上班。我知道尽管比尔孤独终老，也没有立下遗嘱，但是他生前是个富人。中心大市场一直是旧金山的地标建筑，他在高档商店工作，附近的有钱人又越来越多。后来市场被一家新的零售企业——莫丽·斯通连锁集团收购，不过原来的中心大市场的标牌没有被移走——既是对美好的旧市场的礼赞，也是对比尔默默的致敬。

这些发现找到了比尔人生中深层次的素材，因为知道他一生有非常多的闪光点，所以我是带着自信和接纳的心态讲述他的故事的。

意义的层级

选择这个家族秘密并给它命名时，我发现痛苦依然留存在我和表叔挫败的关系中。即使相距不远也不能做朋友的懊恼之情随着我写完这个故事开始消退一些。我继续讲述家族秘密，并把表叔的故事讲给家族其他成员，在这个过程中内心得到治愈。这个故事对我意义重大，它让我：

- 记住那位住在附近但是自我封闭的表叔。
- 复活失去的亲情。
- 纪念他的人生选择和关于他的回忆。
- 赞美他的成功和服役经历。
- 把他的人生之路和我父亲，即他的嫡亲表兄的人生之路做比较。
- 承认家族纽带把家人紧紧连在一起。

在家族聚会上分享这个故事可能引发更多讨论，例如关于如何评价所有家族成员，如何关注生活在阴影下的人，如何赞美每一位家族成员独特的品质，以及他或者她内在的价值。

故事讲述

家族秘密造成的影响是持久的。当你为家族传统公开最重要的秘密时，你将发现它们带来的影响力是长期的，你对家族动态发展的理解也会加深。尤其重要的是你认识到揭秘的故事对其他家族成员的影响。一些成员将继续否认。你知道什么时候以及如何分享故事，你对时机的敏感性将成为最关键的要素之一。

把所有写好的初稿中的情节线索精简成简单的提纲。这样你不用刻意背诵就能讲述故事，在讲的过程中还可以添加合适的细节。

为故事撰写提纲，去掉细节内容，保留关键词，标明叙事弧线。

例如，《食品店：一件悬案》的提纲是：

1. 背景：旧金山附近，天平洋高地区的下城区，20 世纪 60 年代，公寓，食品店。

2. 人物：我表叔比尔，他的朋友唐，我室友南希，我。

3. 第一个场景：情节推进，与表叔见面。

4. 第二个场景：情节推进，我表叔和他朋友来我的公寓看我。

5. 第三个场景：食品店偷偷瞥视。

6. 结尾：比尔去世，我的遗憾。

把故事提纲和你的家族回忆存储在电子或者纸质文档中，同时保存好照片或者其他文件。这个故事可能被大家记得更牢了，但是不再隐瞒了。

你可能还想利用第四章中结构性工具和技巧创作你要讲的故事，比如故事地图或者思维导图以及情节串联图。

“讲故事七步法”是“文字编织故事项目”的原创方法，对于教育工作者来说这是一种非常成功和专业的训练方法，揭开了讲故事艺术的神秘面纱，将其分解为易于学习的步骤。

练习与提示：家族秘密和阴影

提示：阴影

1. 想一想过去哪位家族成员被遗忘或者避免提及。

2. 回想谁曾经让家族蒙羞。
3. 回忆家族上几代人中有谁犯过错误。
4. 想一想有谁被错误地指责。
5. 回想有谁因为过时的禁忌而被非议。
6. 回想哪位亲戚有缺陷或者被认为有缺陷。
7. 回忆你被审问或者被家人轻视的经历：发生了什么事情？

提示：秘密

1. 最糟糕的家族秘密是什么？
2. 三四辈之前的家族成员犯过什么严重错误？
3. 你祖父母保守过什么秘密？
4. 你父母保守过什么秘密？
5. 你或者你的兄弟姐妹有什么秘密？
6. 你的家族今天是否还保守这些秘密？
7. 你想与家人分享哪些关于你的秘密？

当你想找一个故事来讲述时，让上述所有的回忆和故事浮现在脑海。选择一个有简明提纲的故事，并且故事要有开头、有情节发展、有结尾，有冲突、问题、悬念、张力或者奇遇。

把创作过程的最新信息保存在最适合你的媒介中：笔记本、电子文档、记录片段或者剪贴簿中。随着不断收集素材，你最好建立一种组织体系，它可以是简单的时间轴，或者是家族成员名单。

故事讲述者分享秘密：家族秘密和阴影

家族秘密和生活在阴影下的家族成员带来的影响可能比你认为的要大得多。被压抑的东西会以自己的方式浮出水面，并且可能以一种意料之外的方式。通过为沉寂的故事注入声音，你为整个家族传统增加更多内容。如果你带着共情和同情为他们发声，家族可能开始接受之前一直回避和纠正的东西。故事讲述者打开通往过去的门并揭开伤疤之后，会发现传闻是真实的。

故事创作

玛琳·卡伦热心于鼓励人们写作，即使他们认为自己没有这份自信。对其他作家来说，玛琳的系列专著《写作现场选集》读来既放松心情又备受鼓舞。她是佩塔卢马作家讲坛的创始人，这个文学论坛每月举办一次，演讲者通常围绕写作技巧和写作事物发表看法。玛琳的获奖故事和论文在文学期刊、选集、报纸上发表，包括《星星之光》《筑桥，更多的桥》《红杉作家选集》《写作现场选集》。

自由写作方式

玛琳·卡伦

我很喜欢自由写作这种天马行空的写作方式，文字喷涌而出并且随意散落纸上，不用考虑或者担心后果。自由写作是探索发掘写作潜力的方法，这种独特的写作过程中作者常常文思泉涌。自由写作也为未来的写作提供了一种思路。

自由写作既可以写自己的亲身经历，也可以写发生在其他人身上的事情。如果你写的是小说，小说中的人物应该怎么说，你就怎么写。写作提示词可以用来激发灵感。提示词可以是一个字，一个词，一幅画，一个声音，一种气味，也可以是一本书或者一首诗中的一句话。定时 15 分钟作为你的写作时间，选择一个提示词然后开始写作。

通过自由写作，或者意识流写作，可能在思想上有新认识，也可能找到之前没有被发现的信息和现成答案。在若干次自由写作后，我有一次突然理解了父亲。

玛琳过去几年非常成功地实践了自由写作并与很多作家分享了这一写作方式。这种方式也被称为“定时写作”，结果是不可预知的，创造性的，有时候是令人惊奇的。它创造条件使作者到达某个人记忆中的阴影部分以获取对家族成员的认识，这位家族成员的地位是边缘的，就像玛琳的爸爸一样。她的思绪围绕一个主题运转，但是不做判断，并把一生都藏在心底的感情公开出来。玛琳开始写作时会确定关于家族秘密的提示词，然后由着自由写作把你带到什么地方。利用自由写作来探索家族内部的秘密和阴影。

故事编写

见父亲

玛琳 · 卡伦

我一直都不知道用什么词语来形容我父亲是如何与家庭格格不入的。他是一名商船水手，每次出去工作总是离家好几个月。他给我和我妹妹们带回来具有异国风情的玩具和衣服，但是总是太小。“我的家庭很完美，一个爸爸，一个妈妈，和两个妹妹。”我知道我没有向二年级的玩伴说实话，但是如果假装的次数多了，可能就变成真的了。

如果我父亲回家来，就意味着他要休假，而且将流连在附近的某一家酒吧里。我童年的记忆中关于父亲的部分只有可怜的一点点——而且都是不好的回忆。我对他最高的评价是“第三大街的流浪汉”。他 37 岁就因为酗酒得病去世了，那时候我 16 岁。我 54 岁那年，因为机缘巧合遇到我父亲读高中时一些最好的朋友。

他们形容我父亲当年是一个开朗的孩子，说比尔性格很随和，彬彬有礼，爱开玩笑，但是心思很细腻。从我父亲青年时期的好友的眼中我看到一个之前从不了解的人。

在自由写作的过程中，我认识到父亲绝不仅仅是一个有酗酒问题的人。他是丈夫，父亲，可爱的儿子，值得信赖的朋友，一个与生活中的挑战勇于斗争的人。

经过几次自由写作后，我创造出一个重新发现父亲的故事，然后发表在《写作现场：回忆》中。我在文章中写道：“他跟我一样，性格上有好的部分，也有不好的部分。他跟我外孙女一样，都有淡褐色的眼睛。”如果没有自由写作，我父亲还是我印象中那个“微不足道的人”。

玛琳愿意重新理解她的父亲，一个被家人认为是游手好闲而被遗忘的人。她教很多人写作技巧，她自己也使用这一技巧，说明她希望回忆被刻意忽略的过去。玛琳明白自由写作能帮助她达到目的：只要她一直坚持写，她最终一定能遇见父亲。她之所以成功，一方面是因为她愿意重新认识父亲，另一方面是因为脑海中的新信息通过自由写作清晰起来。自由写作意味着自由联想：一个记忆片段带来另一个记忆片段。

故事创作

K.J. 兰蒂斯是作家、教育家、健康和人生教练。她有教育科学学士学位，还持有私人训练、普拉提、健身等有多个证书，以及心理、儿童发展、营养学等方面的成人教育证书。**K.J.** 兰蒂斯写了大量健康类的书籍，每周更新的视频和播客也会分享关于整体健康方面和激发人进取向上的信息资料。

K.J.兰蒂斯

我通过一种特别的方式讲述个人故事——参加表演工作坊，特别是即兴表演工作坊。我最喜欢的写作导师致力于教会学生如何写作并在男女二人组表演。

我们进行大量动作和声音练习，之后拿到一个写作提示词。我们写作 10 到 12 分钟，随后在安全的空间之内相互之间大声分享个人故事——也就是说我们承诺不把分享的内容传出去。把表演和写作结合起来使我们更深刻全面地思考我们是谁，我们希望与他人分享什么，也帮助我们把注意力集中在分享个人故事而带给他人的影响上。

如何确定要写哪些个人记忆？选择形象生动的、你能回忆起每一个细节的个人记忆。选择对你非常重要的个人记忆。每一段回忆都有开始、中间、结尾，其中还包含有冲突。不一定非得是斗争才行，只有它是过了若干年想起来还觉得很有意义就可以。

K.J. 兰蒂斯的创作过程与玛琳的自由写作有几分相似，玛琳利用提示词和定式写作，从而带来开放式的记忆探索，而 K.J. 走得更远，她通过表演工作坊在写作中融合了即兴表演和肢体动作的方法。讲述人站起和小组其他成员一起做即兴表演时，故事就鲜活起来。K.J. 感知到事件背后更深层次的情感意义并用表演艺术呈现出来。

当创作关于心理创伤经验、尘封已久的记忆或者释放情感上的痛苦时，这种技巧非常有用。K.J. 的工作是人生导师，致力于健康事业，这促使她了解并讲述她的人生故事。通过讲述并完全承认这些故事，她能得到情感上的治愈，并在讲故事的过程中传递个人经历包含的真理。

故事编写

约会之夜：故事概要

K.J.兰蒂斯

我当时是一个 7 岁的犹太裔小女孩，是我们家 5 个孩子中最小的。我们家是从东欧的俄罗斯移民到匹斯堡的，为了不让我们这些小孩子偷听秘密，父母经常用意第绪语交流。

我小时候很羡慕妈妈的美丽，她的首饰，漂亮的晚礼服，做饭和烤面包的技艺，以及讲睡前故事的神态。她那时候常和父亲一起去一家气派的夜总会参加舞会和晚宴，我常常在她化妆时为她打下手。我非常兴奋地看着她惊艳动人地从家里走出门。

> 但是我的心底潜藏着一种情绪：害怕。我实在不愿意她离开，因为随着她下楼时传来的高跟鞋的“踢嗒踢嗒”声，我很清楚接下来迎接我的是什么。我父母在约会之夜离开家，把我们留给临时看孩子的保姆，我写一写这期间发生的事情。
>
> 我只想说一点也不美好或者有趣。看看我，看看我，现在看着我。我长大了——我在成长。我那时候没有选择，只能活下来。生存就是茁壮成长。慢慢浮出水面，它就在那里，一直在那里。记忆从我的毛衣，从我的皮肤冒出泡来。我一直都没有选择。

K.J. 通过大声说出而不是让读者平静阅读的故事概要，揭示无论是在家庭还是在社会上通常被掩盖的秘密。儿童遭受的性虐待只是到今天才引起公共的注意，但是这些经历会带来心理创伤和持久的伤害。K.J. 作为故事讲述者，从一开始搭建故事框架的技巧就很娴熟：她的父母为了不让孩子们听到秘密而说意第绪语。故事的结尾很明显是对故事开头的反讽：孩子也向父母隐瞒了一些毁灭性的秘密。

K.J. 在描写母亲的美丽和她与父亲迷人的约会之夜的过程中设置了悬念。感官形象很生动：母亲离开时高跟鞋发出的“踢嗒踢嗒”声。少有的细节描写把我们带入她记忆中的经历。虽然她没有明写父母约会之夜发生的事情，但是我们知道她母亲最后的形象是可以感知的。故事的结尾令人深思，重复的词语从过去时态到现在时态：“我那时候没有选择。我一直没有选择。”最后，K.J. 告诉我们她的选择是即使带着挥之不去的痛苦记忆也要坚强活下去。

家族秘密和阴影如果被保存在黑暗中将削弱家族的基础。通过一种负责任的方式把秘密分享给足够成熟的家族成员，则可以减轻它们带来的负面影响。说出真相使家庭解脱：家族成员通过带着同情心接受秘密从而更容易彼此接受。用故事讲述家族秘密是一种强大的、令人信服的艺术。

家族传承

家族传承故事是家族传统讲述中最引人注目的内容。似乎每一位家族成员都知道，或者至少听说过它们。这些经常被提起的故事是前人传下来的，承载着强有力的信息。认识到我们的家族在主流文化之上和之外拥有自己的文化传承这一点很重要，我们可以从祖先的经验中汲取独特的智慧营养。关于传承的故事一直影响着我们，无论我们能否全部回想起这些故事。如果需要了解它们，那么最好把它们讲出来，并且要讲好。

因为家族成员之间的亲近，知道讲述故事中的时代传承使我们与家族之根有更深的联系。我们独特的故事，我们祖先独有的经历让我们对生活有一种别的信息无法给予的理解。因为这些故事是非常个人的，所以我们与他们相连，我们从骨子里感受到与这些故事亲近。没有其他家族有完全相同的故事，即使真相是普遍存在的。**这些故事让我们有力量：当我们听这些故事时感受到身体里注入新的力量。家族传承让迅速变化的现代社会得以稳定，让我们视野更广阔：回顾遥远的过去帮助我们面对现在并想象未来。**

家族传承故事通常和家族传说或者家族秘密相似，但是家族传承是从另外的角度来思考过去：审视先辈们留下的经验以及它们如何与历史相联系。家族传承故事一般会有历史背景，而且流传数代人，有重要意义。这些故事是家族身份的本质内容。每一个家族传承故事都有值得记忆的内容，或者是因为它的戏剧性，或者是因为它承载着核心价值观。

如果你希望成功地对子孙后代施加影响，那么一定要格外留意家族传承故事，并通过讲故事，而不是说教或者严厉警告的方式把故事中的价值观和经验传递下去。

人生传承理论的创始人、《你的家族传承很重要》一书作者瑞秋·弗里德倡导人们识别并讲述重要的传承故事。

> 讲故事的时候我们会被故事本身吸引，特别是那些与我们相关的故事。我们写的关于家族的故事——我们的祖先，他们的价值观，他们的时代——使我们作为后人能超越时空，去发现或重新思考他们的历史，去深入挖掘我们的根。家族故事也为子孙后代传递价值观并影响他们的未来。

故事创作

由于家族传承故事是家族文化的固有内容，你可能知道一些零星片段，但是不一定了解整个故事。你或许拿不准自己的记忆是否准确，向其他家族成员询问或者查阅家族文献有助于你填补这些空白。但是，最后是从你有确切记忆或者了解的事情开始创作故事，这是创作的基础，在此之上添加细节，检查信息，根据你的理解创作故事。

例如，我记得我祖父施塔德勒在 20 世纪 40 年代的一个夏天告诉我，那次我们来到他位于伊利诺伊州庞提亚克市的家中，听他讲述他的继母曾经如何虐待他。我那时大概 6 岁，我们坐在家门口的景观花园里，尽管当时还有其他堂兄妹在附近玩耍，但是我清楚地记得祖父是讲给我一个人听的。他亲切地看着我，边说边做手势。

祖父告诉我他小时候每次继母惩罚他，都会把他锁到一个房间，不给饭吃，也不给水喝。到饭点了她才把门打开，没有带来面包和汤，而是把一碗水端到饿得前心贴后背的祖父面前，水里还放着小石子。我被吓坏了。

尽管这个情节只是一个记忆片段，但是它为祖父不堪回首的童年故事提供了情感背景。他直言不讳地告诉我，让我完全感受到他的情绪，他通过我的眼神确定我听懂了，还用手比画着那个碗的形状。我那时候还很小，不理解祖父为什么告诉我这些，但是我能感受到他的痛苦。我的头脑中一直记着这些潜台词，并且把它融合到作为孤儿的祖父其他的人生故事，例如呈现在《鞋店的学徒》一文中。这是施塔德勒家族的传承故事，这个悲伤的故事被一再讲述，每一位家族后人都听过这个故事。

因为传承故事是家族传统中的重要内容，所以选择传承故事是一个简单的过程。记住传承故事的关键特点：

- 是关于之前两三代人的故事。
- 故事来源，如果有可能包括不同种类的来源：口口相传，研究调查，报纸、档案、历史学会等原始资料来源。
- 传递的经验：在家族文化中非常重要的外在的或者内在的智慧。
- 听众：新一代人需要听或者理解的故事。

心中清楚了上述几条标准，我选择并重新讲述祖父施塔德勒的传承故事。因为人们对当前美国移民政策有争论，这个故事也涉及这一问题，以及如何对待受美国亲戚资助、但是无依无靠的未成年人的问题。

鞋匠店的学徒

大约在19世纪末，一个瘦弱的、衣衫褴褛的孤儿，踯躅行走在德意志联邦巴伐利亚王国最大的城市慕尼黑鹅卵石铺就的街道上。他身材矮小，因生病而咳嗽着，但是不得不挨家挨户乞讨收集旧鞋子和皮革。这个男孩就是我的祖父路德维卡·海因里希·施塔德勒，他10岁那年就被送到一家修鞋铺当学徒。他常常被派去清洁修鞋用的皮革碎片。因为家里人口多，年幼的卢德维克被认为是累赘而不受待见。她的继父母对他不管不问，后来又把他送去当学徒，这件事情甚至都没有告诉家里其他亲戚，也没有告诉卢德维克同父异母的妹妹特蕾莎。

在特蕾莎受坚信礼那天，特蕾莎的教父母带她去慕尼黑庆祝并请她吃了一顿大餐。特蕾莎在一家高档的糕点店享受美食时，发现店外一个看起来像街头流浪儿童的小男孩把脸贴在橱窗上，眼巴巴地看着美味的蛋糕和甜点。

"哇，看那个可怜的小男孩，"特蕾莎说，"怎么回事——窗户外边站着的是卢德维克！"她跑出去拥抱哥哥。"你怎么了？你的衣服好脏啊。"她的教父母急忙跟着冲出来。他们身材很高大，把卢德维克拉进糕点店，为他点了一份热巧克力和食物，卢德维克一边狼吞虎咽，一边说着谢谢，并告诉他们自己在修鞋铺当学徒。不久之后，他兴高采烈地拿着一小包行李离开了修鞋铺。

特蕾莎的教父母带着他们一回到蒂廷村，立即捎信给卢德维克的亲戚，告诉他们卢德维克糟糕的境遇。施塔德勒家族对卢德维克受到的虐待感到异常愤怒。事实上，饥饿的孩子还生着病，得了肺结核。

“你们怎么能这样对待这个孩子！”他们谴责卢德维克的继父母虐待儿童——霸占了本来是留给卢德维克的钱，之后又把他卖给修鞋店当学徒。

卢德维克母亲这边的亲戚狂怒之下，把卢德维克强制送到位于奥地利阿尔卑斯山脉高地地区的因斯布鲁克修道院。因为山区清新的空气，卢德维克身体痊愈了，之后可能在那里学习成为一名牧师。这家修道院很大，卢德维克在厨房干活，并学习营养学。15 岁时，卢德维克身体已经很强壮了，在姨夫和姨母的资助下，他坐二等舱来到美国南达科塔州的一家农场工作——对他来说，那里至少是安全的避风港。

从祖父的故事中我们了解了特蕾莎教父母的慈悲之心，母亲和姨母之间以及卢德维克和妹妹之间割不断的亲情，学会了坚忍不拔，恬淡寡欲和生存。

故事编写

这个故事发生的年代如此久远，以至于我希望它听起来好像是一则古老的民间传说，包括故事中巴伐利亚王国铺着鹅卵石的街道。事实上，一直到第一次世界大战结束，欧洲旧世界的秩序才有所改变。在我看来卢德维克的故事在很多方面都像是发生在中世纪一样。

在卢德维克同父异母的妹妹特蕾莎那里听到，卢德维克刚到南达科塔州，就恳求姨夫和姨母帮助同样是孤儿的妹妹，他担心继父母同样虐待他妹妹。她妹妹是一名教师，大家称呼她“泰泽尔姨母”，她把拯救哥哥的故事讲给众多的侄女和外甥们听，我妈妈就是其中的 8

个孩子之一。每当有新成员加入这个家族，或者在家族聚会上，我妈妈都要讲这个故事。

卢德维克的出身和种族背景依然不为人知，尽管很多家族成员试图揭开他的亲生父亲的身份之谜。然而，我们通过在德国的家谱查清楚了他在巴伐利亚的母亲这一支以及第一个继父的全部家谱资料。通过口头回忆、文字和美国军事文件，我们发现美西战争期间卢德维克报名参加志愿军。因为他在南达科塔州牧场做过骑手，所以被分配到骑兵团，然后被派到菲律宾。1916 年至 1917 年，潘兴将军率领潘乔·维拉远征军在墨西哥作战，卢德维克随部队到了墨西哥。在菲律宾期间和墨西哥期间，卢德维克都是作为炊事兵在潘兴将军的部队服役。1917 年，他被派往旧金山军事要塞工作。

1918 年，卢德维克为得到伊利诺伊州监狱系统的营养师职位而参加州公务员考试。他在奥地利因斯布鲁克市的一家修道院学习过，在潘兴将军的军队服役时有过当炊事员的经历，所以他被录取了。卢德维克直到退休前一直在伊利诺伊州监狱系统从事营养师的工作。

卢德维克一辈子都生活在严酷的环境中，从童年开始，到在修道院以及南达科塔州的农场工作，再到参见远征军，最后在监狱找到一份差事。在某种程度上，他从来没有从早年间的残酷生活中解脱出来，尽管他的工作是为生活在困苦条件下的人们做饭。

这个研究为卢德维克的人生和传承故事提供更深层次的东西。我知道了故事的起源和背景，所以能够自信地讲述这个故事。

意义的层级

传承故事和经过研究后发现的故事背后的隐情，以及祖父整个人生故事都很复杂，它对不同家族成员的意义差别很大，因为它同时含有强烈的负面和正面影响。

- 恬淡寡欲和适应力。
- 饥饿和营养。
- 孤儿和大家长。
- 外来移民和爱国者。

大多数家族成员为卢德维克被戏剧性的营救和他积极的后果感到高兴。但是有些伤害性的后果是不能根除的。卢德维克的传承故事是面对极端贫困时的终极怜悯。我们家族能振作精神，相信人性本善。但是我们也明白善与恶、光明与黑暗、冷酷和贪婪紧紧相连。这是一个不容易忘怀的故事，让我们在少年时期就了解了冷冰冰的智慧。我大胆猜测很多家族传承故事教会人们类似的道理。

故事讲述

大多数家族成员都听说过家族传承故事——也许这个故事已经流传了好几代人。重要的是你不能想当然地认为每一位家族成员都知道故事的结构，他们可能仅仅是记住一些片段。在你把故事补充完整的过程中，你也许发现根据听众的不同，故事中的某一个人物比其他人物要更重要。例如，如果你认识到每一位家族成员在家族传承故事中都将有一席之地，你对故事的整体评价可能发生改变。久而久之，你的讲述也会随着洞察力的变化而变化。

家族故事有一个基本的结构。你一旦找到故事的结构和完整的叙事弧线，就可以把一系列的时间简化成提纲的形式。这样不用死记硬背就能够讲述故事，并根据不同的场合调整做适当的调整。

为故事撰写提纲，去掉细节内容，保留关键词，标明叙事弧线。

例如，《鞋匠铺的学徒》这则故事的提纲是：

1. 背景：1889 年德国，慕尼黑的街道，蒂廷村，巴伐利亚森林。

2. 人物：祖父，同父异母的妹妹，教父母，继父母，母亲娘家的亲戚。

3. 第一个场景：情节演化，卢德维克乞讨旧皮革，鞋匠铺的学徒。

4. 第二个场景：情节演化，卢德维克在糕点店前被同父异母的妹妹认出来。

5. 第三个场景：情节演化，返回村庄，对卢德维克的境遇异常愤怒，治病。

6. 结尾：奥地利阿尔卑斯山，修道院，移民到美国南达科塔州，牛仔。

7. 感悟：同情心，适应力，恬淡寡欲，生存。

把提纲作为基础材料并以电子或者纸质形式存储，将传承故事做成音频或者视频保存好。

在第四章节，你将接触到利用情节串联图版、故事地图、思维导图。编写故事提纲的其他几种方式，你也会看到关于有效表达的一些提示。

“讲故事七步法”是“文字编织故事项目”的原创方法，对于教育工作者来说这是一种非常成功和专业的训练方法，揭开了讲故事艺术的神秘面纱，将其分解为易于学习的步骤。

练习与提示：家族传承故事

寻找故事

1. 回忆你反复听到的、发生在两三代人之前的家族故事。

2. 简单记下故事内容或者你能想起来的某个片段。

3. 确认故事来源：这个故事是谁告诉你的？他们又是从哪里听到的？

4. 与家族其他成员交流，询问他们对故事是否有不同的版本。

5. 查看并研究家族记录、信件、档案、文件。

6. 把家族传承故事放在历史背景中。

7. 思考故事带给我们的启示。

8. 把传承故事为什么对家族身份认同很重要的原因写出来。

祖辈：他们的故事

1. 列出你所能记住的所有祖辈，向上回溯两到三代人。

2. 回想关于他们每个人的故事中你最喜欢的一个，无论是他们自己讲述的还是其他人说的。

3. 选择一个故事并列出故事的提纲。

4. 写出你对这个故事的心得体会，包括价值观，你敬佩的优点，还有你从故事中感受到对祖辈的理解，他或者她的人生、时代以及经历的困难。

5. 关于其他祖辈的故事，请重复上述 1 到 4 步。

6. 从所有你收集的所有传承故事中总结出一个范式。

7. 选择会让下一代人受益的故事和范式。

故事讲述者分享秘密：家族传承

传承故事有永恒的力量。它们流传了数代人，呈现的是对家族身份认同非常重要的挑战或者经历。很多这样的传说是关于移民的故事，因为在很大程度上美国是一个移民国家。殖民地时代就形成的家族通常会有一大堆传承故事。拓荒者家族，还有经历过美国内战和奴隶制的家族也许有大开发的故事。美洲原住民讲故事的传统很古老，有一些民族的传统很神圣和神秘。无论家族具有什么样的历史，总有一些故事被讲述、被道听途说，被口耳相传，因为故事中蕴含的智慧和经验对家族身份或者生存至关重要。

故事创作

贝弗利·司各特决定以她了解到的家族传承故事为基础撰写一部历史小说《萨拉的秘密：一个关于背叛和原谅的西方故事》。贝弗利在咨询行业工作了37年，同时还兼任“战胜贫困”计划社区行动办公室执行主任，此外还面向康奈尔大学和艾奥瓦州柯埃大学的本科生以及旧金山湾区的约翰·F. 肯尼迪大学组织心理学硕士生项目的学生讲授心理学。她发表很多专业文章，出版了3本专著，最近的一本是与吉姆·巴恩斯合写的《内部咨询》。

贝弗利·司各特

自从我在一次家庭聚会上听到一些传言后就一直希望能揭开我祖父人生的秘密。我父亲对他的父亲知之甚少，而我祖母一直不愿提起他。我们唯一知道的就是他们年龄相差 30 岁，还有就是我祖父曾经在美国内战中打过仗。在我看来，留言一定与我祖母拒绝谈论的秘密有关，所以我下定决心找出故事的答案。当我的事业步入稳定期后，我终于有时间做这件事了。

我姑妈帮助我找到祖父参军以及在北方军服役的日期。我前往位于华盛顿特区的国家档案馆查找记录有参加内战的士兵生平的档案资料。我希望尽可能多地了解祖父的人生。国家档案馆的工作人员为我找来不是一般厚的两大袋资料，包括文件、表格、通讯报道等，我当时还没有意识到这些文件资料不仅揭开了祖母一直不愿公开的秘密，而且呈现了一个精彩的故事。

贝弗利在一次家庭聚会上听到关于她祖父的不知真假的传言后，就一心想着找出真相。她通过祖父参加内战的记录发现了家族传承故事，而这个故事令人震惊，但是对家族身份认同很重要。她被迫进行令人印象深刻的研究项目，这件事本身就很有意义。家族传承故事并不总是英雄事迹，但是它们反映了我们的祖先的生活和他们最基本的品质——这些故事塑造了家族。在贝弗利的研究中，还有其他很多寻找家族传承故事的过程中，没有什么能替代亲自到各地档案馆、图书馆、墓地寻找第一手资料。为了创造家族传承故事，贝弗利把实事、记录和报告整合到令人着迷的叙述中。

故事编写

祖父的欺瞒

贝弗利·司各特

我祖父H.D. 司各特在1911年去世，一年后，抚恤金事务局的工作人员找到我祖母艾伦，告知她之前申请寡妇抚恤金的结果。艾伦自信将拿到这笔钱。作为一名参加过内战的老兵，我祖父去世前一个月终于收到第一笔抚恤金支票。

祖母之前得到了内布拉斯加州瑟福德市郊外一块土地的使用权，这笔抚恤金不仅能补贴家用，而且能帮助她在这块土地上建一座房子。在申请结果出来之前，她和她的三个小孩住在一座帐篷里，其中两个稍微大一些的男孩子在他们叔叔的农场干活。

那位政府工作人员描述祖母当时的境遇："她希望为她自己和孩子们盖一座房子，但是这似乎是一件极其冒险的事情，因为她患有风湿（病），所以实际上身体很不好，而她的孩子们也很瘦弱，看起来比同龄人矮小，还有一个问题就是他们住的地方离最近的水源超过1英里……在荒凉的环境里，他们的生存条件糟糕到极点。"

祖母艾伦原本很期待来自政府部门的人员，渴望能听到盼望已久的好消息。但是，那个人告知她她不是H.D. 法律意义上的妻子，因此没有资格享有寡妇抚恤金。H.D. 在遇到她之前结过婚，而且一直没有离婚。这位工作人员在报告中写道：“……在我告诉申请人这个事实之前，她表示从来不知道原配妻子的存在。她的悲伤和眼泪让我相信她没有说谎。她请求我不要把这件事情说给任何一位邻居。”

艾伦感到耻辱，所以没有把她丈夫骗婚的事情讲给任何一个人。尽管她深受类风湿性关节炎的折磨，但是她重新振作起来，重新回到学校教书，艰难养活一家人，后来还担任一所学校的校长。现在我知道为什么我们家族没有一个人了解我祖父的事情——以及他法律意义上的妻子和孩子。

贝弗利为这则精彩的故事设置背景，叙述了一则政府抚恤金发放案例，以及坚信故事将会有一个美好结果。她直接引用工作人员的评论，我们从中感受到贝弗利的祖母在丈夫去世后，艰难地抚养孩子、拓荒生存的境地。

国家档案馆的报告为叙述增添了内容，提高了叙述的可信度，工作人员描写性的语言使他部分程度上成为故事讲述者。这则故事具有家族传承故事的所有特征，包括相关的历史背景。对贝弗利和她的大家族来说，她的祖母就是精神象征：她的人生经历表明，只有坚忍不拔，努力向前，才能战胜人生道路上遇到的挫折。

故事创作

小维特·泰勒出生在亚拉巴马州伯明翰市并在那里长大，目前已经创作了 5 本著作，前两部是纪实性作品《阿尔丰斯·慕夏的斯拉夫史诗：斯拉夫人的艺术史》（2008 年）以及获奖作品《我们南方的家：从斯科茨伯勒到蒙哥马利到伯明翰——20 世纪南方的变迁》

（2011 年）。之后她创作的获奖作品是悬疑小说三部曲，以私家侦探乔 · 麦格雷斯和萨姆 · 洛克为主人公，分别是《拯救之吻》（2014 年）、《救赎行动》（2016 年）和《留意天启》（2017 年）。

小维特 · 泰勒

如何在记忆中发现家族传说的精神象征？答案显而易见：搜寻时代流传下来的故事，研究当前数字时代下的档案资料，从自己和他人的记忆中寻找。那么什么是最重要的？看一看吉尔 · 凯 · 康威写的《当记忆说话：探索自传的艺术》一书开篇第一句话："为什么自传在当代读者心中最受欢迎？"

这个设问句既有深意，又有争议：说深意是因为康威提醒我们不确定的记忆究竟能带给我们什么，说有争议是因为家族故事纯粹主义者认为在讲述或者转述被认为是足够真实的家族故事时，尽管记忆不一定可靠，但它是必要的累赘。我写过纪实作品，也写作小说，我所有的书中都用到家族故事中的一些元素。为了在纪实作品中（这些作品部分是回忆录，大多数是历史题材）说明我经历过的成功和失误，我会借助于讲故事的方式来展开。

小维特 · 泰勒是历史学家，他揭示了发表出来的回忆录具有争议性的特点，表示它们名声虽好但是事实扭曲。同时，他认为如果叙述个人经历，我们所有人都是不可靠的旁观者——我们歪曲了事实，但是没有意识到自己是这么做的。当我们回忆家族成员时，这种现象也常常发生：我们渴望一些家族故事，而不希望听到另外一些家族故事。

维特在回忆录中描写他生活在南方的父亲参加 1948 年总统选

举，把他塑造成争取民权的英雄。但是他的童年记忆与他提供的信息不一致，而且两种说法无法统一——一直到他前往亚拉巴马州利文斯顿市调研时读到了一份报纸文件。

故事编写

我的父亲，我的英雄

小维特 · 泰勒

我写的《我们南方的家：从斯科茨伯勒到蒙哥马利到伯明翰——20 世纪南方的变迁》一书主要讲的是历史故事，但是也有部分内容是回忆录。我在其中写了一则发生在我身上的故事，是全凭回忆讲述的家族故事，描写的是价值观和挫折。

1948 年，民主党大会受到一些种族歧视和种族隔离事件的影响，由种族主义者组成的南方民主党在施特罗姆 · 瑟蒙德的带领下从民族党分裂出去。

1949 年，我父亲在美国中西部的亚拉巴马州的小城市利文斯顿的一家小报社担任编辑。父亲写了大量社论，严厉批评南方民主党脱离民主党并提名施特罗姆 · 瑟蒙德为总统候选人，进而威胁到杜鲁门总统的连任竞选。

几乎没有人支持父亲的观点，很多人把他贴上“共产党”的标签。当地的三 K 党扬言要在我们家的院子里焚烧十字架，我的小学同学嘲笑我、捉弄我。那时候，我很为我父亲的原则感到自豪。我长大后，父亲在政治上变成右翼的顽固派。他还是我父亲吗？我问道。

2012 年我在亚拉巴马为新书做巡回宣传时，终于为这个问题找到了答案。当时我有机会读到 1949 年之后我父亲发表在报纸上的文章，他在一篇社论中写道：“我们必须保护南方的生活方式。”尽管他当时谴责南方民主党人，但是那句话分明是种族隔离的委婉说法。

因此尽管父亲是南方自由派，是罗斯福总统的坚定支持者，但是他秉持的南方自由主义并不包括美国黑人。随着时间的推移，民权运动带来的社会变化更是不被父亲理解和接受。

父亲上了年纪后，我和他在政治观点上有很多激烈的争论，而且谁也说服不了谁。但是每当我们争论得筋疲力尽时，我们总是微笑着看着对方说“我爱你”。记忆是不牢靠的，年轻的冲动让我偏离了目标，但是在 1949 年，父亲是我的英雄。

在这个故事中，维特尝试着从正反两个方面理解他父亲的传承故事，并把自己的思想变化展示给我们。维特在分享家族故事的同时揭示了错误记忆的问题，而且把这个问题设定为故事主要冲突，从而提出了一个更大的问题：如何确保家族传承故事的真实性？维特通过查阅 1949 年报纸档案继续研究他父亲对南方民族党人的立场的两面性，以及对威胁要在他家草坪上焚烧十字架的三 K 党的愤怒。因为他父亲为报纸撰写社论，所以他能找到现实的文件案记录，这些记录表明他父亲虽然支持民主党的观点，但是严格限于经济领域，而且不包括美国黑人的公民权利。

在维特童年的记忆里，他父亲在 1949 年是英雄，他现在还相信这样的记忆，从而在脑海中解决了冲突。毫无疑问这个“虚假”的传承故事激励着维特，促使他成年后愿意接受更倾向自由主义的立场。尽管如此，维特很多年之后认识到了他父亲秉持的自由主义的局限性并根据现实调整自己的认知。他的家族传承故事的最终结局是：爱和接受。

当我们回忆家族传承故事时是否会加入个人主观因素？我们是否让天平倾向正面的一边或者负面的一边？这取决于故事讲述者是谁。贝弗利和维特在家族传承故事中都认识到，调查研究对讲好家族传承故事很重要。今天，有很多资源可以用来核实祖先的历史。通过核验可以重新审视事实真相并创造稳定的家族传承故事。

知识点汇总

本章节讨论了家族故事的很多特点：它们不同的类型以及如何影响我们。即使**家族故事**被遗忘大半或者被隐藏，但是它们毫无疑问依然具有强大的影响力，**最直接作用就是影响我们对自身和对未来的认知**。

本章节展示了如何从各种各样的来源收集家族故事的素材：记忆、亲戚、照片、剪贴簿、档案和墓地。围绕家族传说、秘密和阴影以及传承故事的主题，我和一些作者就如何选择、创造、完善直击人心的家族故事分享经验。如果你要形成自己的故事讲述艺术，建议你试一试我们提供的技巧，并从中找到适合你的方法或者把它们融合到你的方法中。

本章节讨论的三个主题是家族故事经常选择的类型，但是他们之间没有严格的界限：例如一个家族秘密也可能同时是家族传承故事。每一个主题的呈现方式表明了其目的，同时也表明了在收集、讲述家族故事中遇到的一些困难。研究和原始资料是检验记忆和隐藏的秘密是否准确的依据，但是每一则故事都有其自身的真相。

每一个家族故事就像是一条杂拼花布棉被上的一个图案，让我们感到舒适，它让我们感受到一种归属感，同时创造出一种身份内核，这种身份内核是伟大的动力之源。通过生动的现场分享家族故事，我们能为家族带来动态的变化。我们彼此学习并聆听数代人的声音，在这一过程中联系加深了，我们也获得了力量。那些最爱我们的人通过他们的故事为我们讲述卓越的经验，我们借此能面对迅速变化的未知的未来。

第四章

技巧和表达

我告诉你们一个秘密。古老的说书人是永恒的，他们消失在他们自己的故事中。

——韦拉·纳扎里安，作家

导语

讲故事是一种设法引起人兴趣的艺术——好的故事的吸引力很强，它让讲述者投入，也把听众带入故事中。即使你仅仅分享一个足以配得上拿到脱口秀舞台上去讲的喜剧故事，也算是越过门槛，进入一个除了稀薄的空气其他什么也没有的想象的世界。这种艺术的简单之处在于其迷惑性，也就是改变思想、创造经历、创作戏剧的力量。一个影响因素是观众也成为讲故事的一分子，成为这种艺术的共同创作者。

我用一次不平常的经历来说明这种共同创作的令人惊奇的真相。有一次我被邀请在晚宴上面对数百名教师演出，在一所公立学校的开阔的多功能厅的一侧搭设正式的舞台，大厅里到处摆放着自助餐餐桌。观众用餐时杯盘声掺杂着说话的嘈杂声回响在这家公立机构灯火通明的大厅里。我的身后是落满灰尘的、拉紧的幕布，我站在舞台边缘，手持话筒，准备讲《天方夜谭》中谢赫拉莎德和她凶残的丈夫——沙利亚苏丹的故事。没有聚光灯，我站在阴影里，等待着永远也不会来的安静。尤其让我感到紧张的是，我还邀请一位戏剧界的朋友来观看我的演出，那位朋友获得过托尼奖，是南加州剧团的艺术总监。

当我开始讲谢赫拉莎德的传说——《天方夜谭》的第一个故事，大厅里乱糟糟的声音减少了。我本能地进入状态，站立不动，手上也没有动作。我莫名其妙地认为，越把注意力放在声音输出上，没有耐心的听众就越能静下心来听。我感觉自己像一尊塑像，站在舞台的一侧发出不带感情的声音。没有摄像机，没有舞台背景，没有灯光，也没有助演，我也放弃了演出风格。我戏剧界的朋友马蒂身材高大，站在场边观看我的表演。后来有一次我们在一起喝多了酒之后，他评论说我当时的讲故事就像是向一个想象中的人致悼词，不仅我的演出像，观众的反应也像。**那次简单的、无任何辅助手段的演出反衬了这种艺术最本质的生命力在于，讲述者和听众共同的创作。**

讲故事就像是用词语画一幅画，它是一种一点儿也不奢侈的艺术。除了现实中人的声音、听众和清晰的故事焦点，不需要其他任何条件。你把注意力集中在故事蕴含的形象上，从而促使你的声音输出创造词语图画，每一位听众用他或者她自己的方式欣赏这幅画。这是一个由讲述者、故事和听众构成的创造力三角形，在故事讲述过程中三者共鸣共振并持续发展。

但是你如何在内心保持足够强的注意力从容应对挑战性的环境？**讲述者如何创造每个人都能看到的形象？**下面的方法将有助于你做到这一点。

讲故事七步法

一些指南书声称能把你从这里带到那里：成为某个领域内有成就的专家。我只想带你熟悉一下常用的方法，一些游吟诗人、流浪歌手和萨满教僧侣，有时候甚至是骗子用到的方法。他们中的很多人利用幻觉的艺术，但是真实的个人故事具有不可否认的沟通的力量。

七步法被证实是很有用的：他们揭开了讲故事艺术的神秘面纱，成千上万的人在文字编织故事项目中培训过这种艺术。这些方法聚焦创作过程的内在要素，然而并没有把这种艺术简单归纳为粗浅的表达技巧。每一步都更进一层，逐步深入故事讲述的实际经验，所以这些方法令人印象深刻。

七步法：基本技能

1. 选择一个你想讲的故事。
2. 确定故事结构，分段创作故事。
3. 使故事背景和人物形象化。
4. 观看情节发展，就像正在观赏一部无声电影一样。
5. 大声讲出故事，用你的声音塑造你眼中已经看到的形象。
6. 用心记忆故事，不死记硬背（意义的层级）。
7. 反复练习讲故事，一直到你能自如地讲述为止。

1. 选择故事：我们在前三章讨论并总结出很多发现、选择并创造值得讲的故事。我们通过列举不同类型投稿人作品中的流行故事主题，为大家分享各式各样的故事选择技巧。一些故事讲述者在回忆经历时跟随情绪的变化，一些人利用物品、照片、提示词、杂志或者写作练习。所有这些方法都是开始故事选择第一步的很不错的方法。

无论使用哪种步骤，如果你希望你的讲述有效果并且令人印象深刻，你开始投入精力的故事最终必须有以下最基本的特点：

- 故事背景。
- 人物。
- 冲突，矛盾，悬念。
- 随着情节发展而展开的叙事弧线，强化冲突。
- 情节中的感官形象。
- 情节中的人物对话。
- 冲突解决，结论。

不断完善你对事件的记忆，改进对细节的认知以及事件内在的冲突和问题。冲突或者情节的推进是对开始历险的期待——无论如何让我们坐直身体，倾听并提问至关紧要的问题：接下来将发生什么？**因为结果是不确定的，所以这也可能是高风险的方案，也可能是低风险的方案。**

除了叙事弧线中涉及的情节的推进和矛盾的解决，也要考虑故事背景、细节认知、人物和对话。寥寥数语的对话就可以使个人故事生动起来。

2. 分段创作故事。一旦你选定故事，如果有可能利用关键词和图像创作故事。按照你希望的方式画出故事结构图：用故事板展示场景，用提纲列出情节顺序，用叙事弧线呈现情节变化，或许可以用索引卡，在一张索引卡上写下故事的一个部分或者画上思维导图。无论采取哪种形式，你现在决定的是故事将以何种形态展示出来。

要知道这不是写故事脚本，而是搭故事框架，并填一些提示词、表格和图画。形成文字的脚本往往局限于和观众展开互动的自发的讲述。为了讲述让人印象深刻的故事并保持你常讲的故事资料，这些图像组织图通常是你所需要的全部内容。

看本章节中的图像组织图，它们是为你的故事制定结构的工具。

3. 让场景和人物可视化。把图像组织图和索引卡放在一边并闭上眼睛。像看电影一样想象每一个场景，暂时忘记情节，观察故事发生的环境。注意小的细节，比如颜色和光线。在场景中你是隐身的。除了听觉，让所有的感官都工作起来，因为现在，你想象中故事的世界里时无声的。

这样的练习要求你聚精会神，并且可能在一开始只会带来笼统的效果。但是要坚持下去。如果你只能发现感觉上的细节，尽可能长时间努力坚持。例如你可以特意在暴雨过后走到户外：感受湿滑的草地，闻一闻远去的雨的味道，让皮肤感受湿冷的空气，在花园里采摘被雨水摧残的玫瑰花，品尝落在地上的香甜的苹果。

现在你有了关于场景的精彩的记忆图像，就需要往里面添加人物和他们的习惯。他们说话时嘴巴的动作，面部表情和手势。注意他们的衣服、颜色、表情以及如何走路。到了这一步，你已经用你精确的记忆和专注的想象塑造了故事中的世界和人物。

不让你自己听到任何声音的确会暂时抑制你的创造力。这是一种人为的策略，是我讲故事的老师梅·杜勒姆教给我的，而她是从著名的故事讲述者露丝·索伊的标志性的著作《讲故事的方式》一书中学来的。比露丝·索伊早数十年，玛丽·夏洛克在写于 1915 年的《故事讲述者的艺术》一书中指出：讲故事就是把“内心的眼睛”当作“舞台”来演出“迷你剧目”。

当你完成这项练习，你可能会想着修改你的笔记或者为图像组织图补充一些细节。

4. 像欣赏无声电影一样看情节的发展。闭上眼睛在脑海中播放关于整个故事的无声电影。从故事第一个片段开始，让情节向前演进。如果故事从头到尾不能可视化，尝试这样做：回到图像组织图并重新修改。在以恰当顺序观看故事场景的过程中，对哪些场景快速播放、哪些场景播放慢一些要做到心中有数。要让故事情节一步步走向高潮，然后慢慢走向尾声。最后关闭你的无声电影放映机。

这是讲故事中前期准备工作中最重要的一部分。如果你能做到在头脑中清晰地看到故事情节，并在故事结构中自由停留，那么你也能让故事快进、慢放，根据听众或者观众特点调整故事内容，并且在每次讲述时做一些改变。我排练讲故事的时候，常常闭上眼睛在头脑中回顾情节、背景和人物。这是比演练故事脚本要重要得多的步骤。

5. 大声讲故事，用你的声音呈现你看到的景象。用好声音是最让人兴奋、也是最神奇的步骤。你之前是故事背景、人物、情节的沉默的旁观者，这样做的原因是保留你的创造力，让内心的注意力都集中在图像和感觉上。你将创造故事所需要的所有声音。你的声音是故事的配音：你提供可信的描述、叙述、对话、音效和情绪基调。

播放关于故事的无声电影，在观看情节的过程中大声说话。用你的声音忠实塑造头脑中出现的形象。想象在屋子的中间像全息照相一样悬挂着电影银幕，让你头脑中的形象展示在银幕上。当你描述新的细节或者听到新的对话时，倾听你自己的语言的变化。你也许会暂停一会，思索用新的词语来匹配内心的图像并达到流利的程度。

如果你的思路卡壳了，从图像组织图中寻找线索，然后继续开始。反复练习讲述你的故事，完善声音表达以便于更好呈现故事的形象、情感和对话。你也可以在讲故事时录下声音，当你接下来继续用想象中的眼睛构建内在故事世界时可以听听你的录音。看和讲是动态的、强有力的练习。

6. 用心记忆故事，不要死记硬背（意义的层级）。分离出故事中的真相并把它与你自己认为的真相关联起来，通过这种方式深化你与故事的联系。花时间做些研究以核实你个人故事的准确性。向当时在场或者有类似经历的朋友、家庭成员求证。通过研究或者向故事的见证者询问，即使不能增加你发现的故事细节，也能证实你关于故事的记忆。接下来，当你情绪处于最放松的状态的时候，可以闭上眼睛听一听故事的录音。思考故事对你有什么象征意义。你对故事意义层级的理解极大地影响你对故事的讲述。这是故事的潜台词：它表明了不言之意。

7. 反复练习讲述故事，直到你能自如讲述。有很多种方法来练习讲故事。你可以播放讲故事的录音，并跟读录音，直到你能够不打磕绊地讲下来。把你的家人、朋友、宠物召集起来听你讲——这通常是最好的方法。不看笔记对着镜子讲，从镜子中观察面部表情和手势。录下你讲故事的声音并重复播放。为了进一步完善故事内容并把它牢牢地记在头脑中，利用开车、慢跑或者冲凉的时间练习讲故事。

讲出来的故事从来都是不完美的，因为故事总是处于变化之中。讲故事是一种互动的、动态的艺术，听众也参与讲故事的过程。根据新的观众和实际情况自觉修改并调整讲故事的方式和内容。

讲述技巧

讲故事艺术中的讲话以多种形式出现，比如说聊天或者社交谈话，专业讨论，表演。一旦故事在多种场合、以多种形式进行讲述，它将变成提高并加强沟通技巧的强有力的工具。

谈话式讲故事：在社交环境中分享个人故事是最生动、互动性最强的讲故事方式。听众可以插话、应答并提出意见。一些口才好的人侃侃而谈，不用刻意努力就能够吸引一群人的注意力，出口成章地把故事讲出来。还有一些人反复讲老掉牙的故事，即使生动幽默地讲了故事，也常常让朋友和家人感到枯燥。在这种情况下如何把日常的故事讲得令人难忘？这个值得记住的故事是否让人信服或者为更深层次的理解搭建了一座桥梁？

首先，选择与当前的话题相关并能拓展或者丰富交流内容的故事。寻找一个能立即引起听众注意的切入点，或者在开始讲的时候设计过度环节。例如，假设谈话围绕回忆高中经历展开，为了引起听众的兴趣你可以这样讲："我上八年级的时候，最想做的不是上高中，而是去女修道院。"你一旦抓住听众的注意力，就可以开始讲故事场景，在介绍情节的时候要注意讲一下感觉上的细节，穿插一些对话，并且在张力或者冲突中推进故事发展。

在毕业前夕，我决定独自走进校长的办公室，郑重地告诉伯纳德修女我想申请加入女修道院，并且立誓保持贫穷、贞洁和顺从。"你是认真的吗？"她皱着眉头问，"你父母知道你的想法吗？"我让她相信两个问题的答案都是肯定的，她为我列出了要带到修道院的物品清单：多少双袜子，内衣，鞋子。我的装束要符合申请人的要求，一条带有帽子的黑色长袍和垂到背部的面纱。"不要剃光头发。"她嘱咐道。

在你讲故事的过程中，让每一个场景的形象出现在你的脑海中。

想象半空中悬挂着一个小屏幕，让这些形象都投射在屏幕上。这是让故事与观众相联系的关键技术：当你让场景可视化并呈现给观众，他们也能看到场景并间接地体验情节的发展。你可以实实在在地“斜靠”在桌子上或者工作台上从而拉近与观众的距离，讲的过程中依次看着每个人的眼睛。要明白故事的进展，在保持谈话的互动性的同时抓住故事的主线。回到讲述本身并给出故事的结局：发生了什么事情？你从故事中学到了什么？故事与整体的讨论有什么关系？在更具有挑战性的场合，聊天式讲述可以作为讲述同一个故事的训练课。

专业性讲故事：相比较社交式讲故事，这是一种安排在更正式的场合、在讲述过程中更少被打断的方式。专业性讲故事发生在采访、公开演讲或者授课过程中，它有利于你的事业发展，使你有机会就自身专业领域发表看法。在这种讲述中，很重要的一点是要做到准备充分，这样才能够在故事前或者故事后说出你想要说的话。回顾第二章中讲到的故事类型，按照你的观点或者目的的要求准备某个故事类型的内容：规则故事、专属故事或者个人品牌。为故事制定意义的层级，以便于你能够在讲述过程中回答问题或者对内容进行延伸。关于你或者关于主题，这则故事说明了什么？

为了让观众感受到你讲述内容是可信的，在你讲故事的过程中要把自信作为潜台词。用自然、随机的方式与在场每一位观众进行眼神交流。让每一个场景栩栩如生，用沉稳的声音展现故事的真实性。相比较故事的戏剧性，你要更注重故事的观点。尽管为了维持观众的兴趣必须推进故事发展，但是讲述的主要目的不是娱乐。目的是开拓市场、推销、展示或者说服。用最少的手势或者身体语言，避免来回走动。稳稳地站在那里就是要说出你的观点。

表演：灯光、镜头准备，开始！这是面对各年龄层的观众做现场故事讲述时精彩的传统艺术。但是，这种艺术的性质与戏剧不同，戏剧是剧场演出，在演员和观众之间树立着想象中的第四堵墙。故事讲述者直面观众，在与观众互动中完成故事创作。另外，故事不是发生在舞台上，聚光灯也不在讲述者身上。故事的呈现发生在整个剧院、大厅或者房间，它既在讲述者的想象中，也在所有观众的想象中上演。

所以，保持距离！想象在观众的前后左右系着一条线：这是讲故事的氛围——这是故事发生的地方。这种想象中的单线圈也被称之为“故事帐篷”，**这种故事帐篷存在于头脑中，就好像是你的油画布，你用你的语言在画布上作画。**通过你的讲述，你的想象和观众的想象在无形的、开放的、可感受到的、全息照相一样的呈现中融合在一起。

当你讲故事的时候你头脑中有两个场景：内在的眼睛聚焦故事背景、人物和情节，外在的眼睛试着与每一位观众建立联系。这种一心二用的能力与专注内心诠释人物的演员不同。演员既不直接让观众参与进来，也不思考背景、道具或者其他人物的细节问题。故事讲述者是独幕剧的演员——讲述者呈现故事所有要素，同时与听众密切联系。尽管观众人数多到不可能看清每一个人，但是讲述者通过一次又一次扫视全场，关注房间每一个区域，所以看起来与大家都有眼神接触。

声音很重要：声音高低起伏，在对话中使用不同语调，清晰的发音。声音教练对保护声带、掌握用胸腔发生的技巧很有帮助。练习并录下你的声音，这是听到你的声音、你在讲话中的技巧和语速的很好的方法。一方面要明白讲故事应该声音流畅，另一方面要知道停顿的重要性。观众需要通过你张弛有度的讲述来消化你讲的内容，理解它们的意思，并根据自己的理解构建关于故事的图景。如果讲故事是演出，那么这种演出的配乐就是带有情感的音调和潜台词，也就是言外之意。倾听情感音调以及它的高低变化。

在讲故事的过程中观众最关注的是讲述者的声音，所以过

度的手势、实景道具或者配合剧情的戏服几乎没有需求。这种艺术的单纯性就体现在这里。一些专业表演者确实身穿戏服，也可能有音乐伴奏，但是这些仅仅是辅助手段，并不是必要的因素。一些在剧场表演的故事讲述者在舞台上不停地走动，表演一个角色，然后作为讲述者表演另一个角色。通过这种方式表演者更完整地“演好”故事中的人物。这些技巧可能增强讲故事的效果，也有可能减弱效果。要警惕戏剧化的讲述改变观众共同参与构建、共同分享故事魅力的可能性。

正是观众对故事的认同才使得故事令人难忘。只有当观众的经历与故事融合在一起时，他们才能像亲身经历一样记住故事。这就是讲故事艺术的力量。

媒介选择

在高科技时代的今天，有很多种讲述故事的方式。所有的方式都可以与观众进行互动。

书面故事是通过文章、播客、甚至像推特一样的社交媒体传播的。短小的个人品牌故事可以通过网站或者广告印刷品进行宣传。

口头故事是在社交场合被讲出来的故事，比如演出，职业演讲，街头讲话或者小组座谈。泰德（TED）演讲就是口语故事。飞蛾故事大赛或者故事会分主题讲一些小故事，很受大家欢迎。**口语故事具有现场的、不加修饰的特点，所以要求更多的练习，更多技巧传递形象并引起他人的感情共鸣。**这是目前为止效果最好的媒介。

声音故事是大声讲述并被录下来的故事。声音故事通常以播客的形式存在。在当前技术条件下，创作声音故事比以往任何时候都容易——它可以通过社交媒体，也可以通过订阅传播。讲故事播客是今天公共电台节目的一部分，既有直播的形式，也有录播的形式。

数字故事是通过种类繁多的视觉媒体讲述故事，例如视频、动漫，像电子书社区一样的交互式平台，甚至是游戏。YouTube 视频网站是讲故事的便捷平台，因为相比较视频质量来说，在这个视频网站上传达某件事的经历更重要。

工具和组织者

每一个图表仅仅是建议或者是初始概念。根据实际情况调整它们或者创作新的工具。

故事板

故事地图1——思维网状图

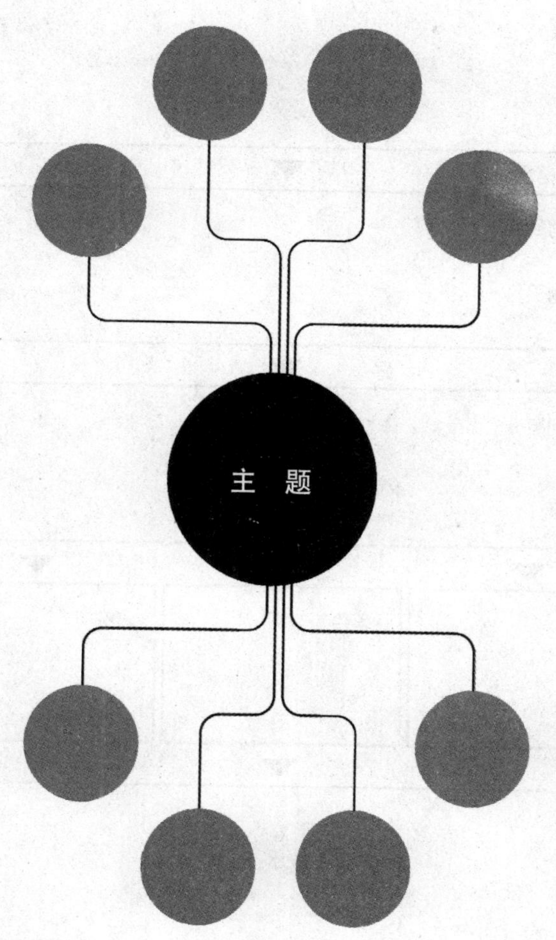

故事地图2——提纲模板

故事背景：

时间：

地点：

▼

主要人物：

主要人物：

▼

情节 / 问题：

▼ ▼ ▼

事件 1:	事件 2:	事件 3:

▼

结果：

第五章

民间文学遗产

故事相互依存，文化相互依存。

——简·约伦，奇幻小说和儿童读物作家

导语

“很久很久以前”——这个神奇的词语让人想起存在于永恒时空之外的奇幻之地。这是传统讲故事这一古老艺术的特点，好像没有人讲，但是所有人都在用象征符号讲述流传已久的神奇传说和故事。这是民间传说的精彩世界，数千年来人们口口相传，它是没有作者、没有边界、没有时代背景的自发的口头文学。这些迷人的传说里有会说话的动物，有魔力的水、仙女教母、森林深处被施了魔法的城堡以及会飞的毯子。

但是随着地球村的出现，我们的故事不仅相互依存，而且故事之间也在融合、变化。为了适应后现代社会的迅猛发展，讲故事的艺术也在不断发展。一些曾经被认为是弘扬文化价值观的根本方法——传统的故事——现在面临一些问题。

今天人们关注个人直接体验而认识到的真相，从传统的故事讲述和民间传说到自发的、个人的故事，艺术上有了创新性变化。

这种改变是有原因的，这些原因促使一种新的口头讲述传统的形成。克里斯·安德森在《泰德演讲：关于公众演讲的官方指导》一书前言中指出："无论年轻还是年长者，任何人都可以从一种新的超级力量中获益。这种超级力量被称为表现力。"安德森想象一种新的萤火以及建立在直接体验基础之上的传递真相的个性化方式，每个人都有这种直接体验。练习讲故事的艺术是一种令人非常兴奋的事情。

因此在当今社会，与传统故事相关的事物开始变得不确定了。尽管一些古老传说继续满足讲故事的需要，但是很多故事已经不能满足需要了。这些故事的文化背景对我们来说是陌生的，或者与我们一般的经历没有关系。事实上，为了让听众理解一些民间或者神话故事的意义，需要做大量的铺垫和说明。甚至像《杰克和魔豆》这样的故事也假定听众了解乳品业、奶牛、豆子和园艺等基础知识。当孩子们听到巨人低沉的歌声时也许感到害怕：

> 嘿－嘿－呵－哈
> 我闻到英国人鲜血的味道
> 不管他是死是活
> 我都要把他的骨头碾碎做成面包

杰克的盗窃行为和蓄意报复引起一个伦理问题：杰克是否应该偷盗黄金竖琴？他真的必须杀死巨人？在某种程度上，杰克的勇气和行为在现代语境中失去了合理性。我们也许会尝试着把它们改编成现代版本，但是改良民间故事是一件棘手的任务，而且如果不了解原版的、有时候内容有些血腥的故事，被改得面目全非的神话故事也会让人不知所云。一些民间故事的背景让人非常陌生，以至于如果抓不住文中丰富的线索，就不能理解故事的意义或者不喜欢故事的内容，这方面的例子数不胜数。

还有一点，在大多数流传数百年的传统故事中，忽略男性的支配地位是不可能的。在公主需要被拯救的故事中，主人公无一例外是男性，这些故事中包含太多的男性至上主义。在民间传说中大多数女性扮演一个被动的角色，而但凡有些力量的女性往往是配角，比如邪恶的继母或者仙女教母。有女权主义色彩的神话故事的特征是把女孩和女性描写成有独立思想的少女或者公主，但是这些故事发生在父权独裁主义的语境中。

最新研究表明，尽管女性人口占世界人口近50%，但是关于女性的民间故事并没有占相应的比例。乔纳森·戈特沙尔主持了一项定量分析研究，他在《文学、科学和新人文学科》一书中写道："研究发现这种现象在世界范围内普遍存在，以男性为主要角色的故事数量超过以女性为主要角色的故事，二者的比例大于二比一。"

并且戈特沙尔的数据本身就有误导性：即使在以女性为主角的民间故事中，女性的形象也常常是柔弱的，是必须被英勇的男性角色发现、唤醒、拯救或者亲吻。现在显然不可能重述古老的传统故事：那个门铃已经被按过了。女性故事讲述者可以为我们时代开创新的传统——以女主人公的身份在个人故事中说出属于她们自己的真理。

讲述传统的多元文化民间故事时，要考虑文化挪用的因素。弱势文化受到强势文化的系统压迫，当强势文化成员从弱势文化成员那里学习借鉴从而形成特定的动态时就是文化挪用。如果我们未经允许就讲述其他文化的民间故事，尤其是当我们作为强势文化成员讲述弱势文化的民间故事的时候，我们的行为就是文化挪用。这是一个敏感而又存在争议的事情，但也是不应被忽视的事情。

现在，每一个讲述者都在不停地选择民间故事、神话和传奇，以便把它们纳入自己的故事库中，但是大家选择的时候都很谨慎，都怀着敬畏的心态。尽管如此，选择故事时要遵守的最高原则是：故事与将要面对的观众相关度有多大，讲述者有多么适应讲述其他文化背景的故事？因为讲故事是私人的口头艺术，每一则故事都是个性化的——好像你亲身经历的一样。每一个故事讲述者“借用”其他文化的传统故事时都必须确保自身讲述的真实性。

从最初的传说到今天用新时代风格讲述的故事，口头传统的永恒性确保故事一直传承下去。我们个人创作的故事可能没有公主、魔法或者恶龙，但是基本的故事元素古今都一样。也许我们的集体意识只能用有限的方式诠释我们的经历。无论是流传数百年的民间故事还是我们今天讲述的故事，似乎都遵循着一定的范式。

能看清楚你的个人故事符合哪种类型很重要：你的故事体现的主题是什么？你讲述了哪种类型的传说？你选择的原型是什么？

民间故事主题

主题是民间故事在口头传统中保留的最小的元素。**民间故事的主题是在各种文化中都反复出现的主题性内容。**常见的主题包括穿越黑暗森林的旅程，被施了魔法的变形，神奇的治疗或者其他咒语，遇到其他有魔法的动物或者神秘的动物，愚蠢的交易，不可能完成的任务，聪明的计谋以及其他很多类型。一些令人难忘的并且常被使用的形象包括丢失的鞋子，一株迅速长高的茎秆，一座纺车，一颗毒水果，一盏神奇的灯。主题存在于情节模式中，是构建民间传说、童话、神话和传奇等故事房屋的砖石。

在 18 和 19 世纪，很多国家都收集并出版民间故事和神话传说。这些故事没有“作者”——格林兄弟，夏尔·佩罗，以及其他收集人并不是创作民间故事，他们仅仅是把从老百姓那里听来的故事记录下来，这些故事已经头口流传了数百年。为了研究这些故事，民俗学研究人员设计了跨文化和国际标准体系，翻译、描述特定群体民间传说中的传统元素，并围绕主题类型比较世界不同地区和文化中的民间故事。

最广为人知的民间故事分类系统是阿尔内和汤普森写的《民间故事类型》（最早由安迪·阿尔内于1910年出版，1928年和1961年由斯蒂斯·汤普森修订，2004年尤瑟进行修订。汤普森的《民间文学主题索引》1922—1936年首次出版，1955—1958年出版修订版）。

民俗研究人员发现全世界不同文化背景下的口头传统中相似的主题反复出现——即使是处于隔绝状态的偏远地区也是如此。没有人真正知道这种现象发生的原因，但是有很多理论可以解释。在民间故事中似乎有通用的模式和形象反复出现，那是自发的人性的表达。罗伯特 A. 乔治在《民间故事研究》杂志上发表的《民间故事主题和类型的集中性》一文指出：

“……索引建立在这种构图之上，构图是人类讲述故事的概念化的衍生物，同时也反映了这种概念化的方式。”

例如，灰姑娘是世界上被讲述最多的故事之一——很多文化的民间故事中都存在这一故事的变体。这个故事究竟有多少版本，民俗研究人员的意见不一致，大概从350个到超过1500个。它在阿尔内——汤普森——尤瑟分类编码系统（AT.U）有自己的编码，即ATU510A。最早也是最优秀的灰姑娘故事之一是埃及的罗多佩斯故事。

罗多佩斯的故事最早由希腊历史学家斯特拉博于公元 1 世纪记录下来。这个故事被认为在某种程度上与一个真人真事有关系。一位希腊奴隶女孩被诱拐到埃及——比斯特拉博早 500 年，希罗多德就记载了这件事情。中国流传的最早的灰姑娘故事是叶限的故事，记载于公元 9 世纪段成式创作的笔记小说集《酉阳杂俎》中，书中记载了很多发生在前朝的奇闻逸事。

这两则古代传说中的主题在我们熟悉的灰姑娘的故事中得以重现，但是这些古老故事在不同文化中流传甚广。反复出现的主题包括：一个善良的、被迫害的少女，一个邪恶的继母，一个有魔法的救助人，一场奇妙的庆典，一件丢失的衣服，通常是一双鞋子，一个神秘的身份在王子或者有钱人面前被揭开。如果我们把众多版本的灰姑娘故事的核心主题剥离出来，那就是识别理想的女性身份：王子认出少女的身份——衣衫褴褛的可爱女性——认识到自己爱的人就是她。

毫无疑问，研究世界范围内民间故事和神话故事集的模式很有意思。但是这些模式和主题是否依然还被真正使用？我们是否依然像新瓶装旧酒一样讲述同一个故事？

练习与提示：主题

提示：主题

1. 你最喜欢的神话故事是什么？
2. 闭上眼睛回忆最生动的形象。
3. 你最喜欢的民间故事主题是什么？
4. 你记得最深刻的形象是什么？
5. 哪一个形象是最有感情的？

6. 在笔记本上列出你能想起的民间故事和神话故事形象。

7. 把这些形象与你的个人讲述联系起来。

练习

1. 你能否确定个人故事中的主题？

2. 你重复了哪些形象、情形或者角色？

3. 列出你知道的所有模式。

练习

1. 从你最喜欢的民间故事或者神话故事中列出记忆最深刻的形象或者主题。

2. 利用这些形象或者主题写一个原创性故事。

3. 把这些形象或者主题融入个人故事中。

民间故事类型

通过对民间故事主题的研究发现生动的形象创造了持久的、不可分割的、典型的叙述元素或者故事细节。这些主题是构筑常见的故事类型房屋的砖石。**故事类型是反复出现的、自我满足的情节或者主题类型。**世界上有数百万个民间传说，但是很多故事是衍生自有限的主题的变体。一个故事类型保持一致，但是随着其主题在特定的文化中可能发生变化。分类系统首先由阿尔内制定，随后由汤普森进行修改，再后来由尤瑟进一步修订，这套分类系统的目的是根据 ATU 分类法的原则是找出同一故事不同变体之间的相似性。

根据民间故 ATU 分类法，现在网络上也能查询到，有 7 种分类方法。

ATU故事类型索引

1—299 动物故事

300—749 魔法故事

750—849 宗教故事

850—999 现实主义故事

1000—1199 愚蠢的食人魔（或者巨人、恶魔）的故事

1200—1999 奇闻趣事

2000—2399 程式故事

上网查看不同分类以及次分类也许能在创作个人故事的过程中激发灵感。即使仅仅把故事类型作为真实故事的类比，也可能对你自身的经验增添一些新的视角。例如，我小时候最吸引我的故事类型是“被施了魔法的小猪”，来自安德鲁·朗格创作的《红皮童话书》（ATU425）。尽管这个故事类型是“寻找消失的丈夫”，但是我把它看作是女主人公的**冒险之旅**。妻子需要穿坏三双铁鞋，磨平钢刀的刀刃，完成一些似乎不可能完成的任务，同时还在路上怀孕并生下孩子。

回过头来看，我是否认识到身为单身母亲同样充满挑战？我是否准备好迎接自立生活和抚养孩子的考验？这个故事是否是一个普遍的主题，预示着女性面临的并必须完成的不可能完成的任务？在这个故事类型的众多版本中，妻子必须拯救一个动物（丈夫）并使他恢复到“人”的形状。对我来说，这听起来像是一个现代故事。我很容易把这个类型的故事融合到我真实的生活经历，作为单身母亲，做着难以完成的事情——不得不穿坏我的铁鞋子。

最近出版的克里斯托弗·布克的《七种基本情节：我们为什么讲故事》一书对情节或者故事类型进行了全面深入的分析。在前言中布克写道：

> 确实有数量不多的情节是讲故事最基本的方式，以至于任何故事讲述者要想完全脱离这些情节几乎是不可能的……一旦我们熟悉了（故事的）象征语言并开始理解其特殊重要意义，那么严格来说世界上就没有故事不能用新的视角来解读：因为我们走进了故事的内核并明白为什么要讲述它们。

克里斯托弗·布克通过数十年的分析研究讲故事和编造神话的特性，在这一点上他受到卡尔·荣格的影响。尽管布克在书的标题中列出7种基本情节，但是他在书中实际上讲了9种，并指出最后两种基本情节出现的比较晚。

1. **战胜怪物**：主人公需要冒险进入威胁附近居民的怪物的巢穴，杀死它并成功逃出来（通常还带走里面的财宝）。

2. **白手起家**：看起来毫不起眼甚至饱受欺凌但是有潜力咸鱼翻身的人，通过努力获得成功。

3. **追寻**：主人公为了得到远方某个巨大的奖励而开启一段旅程。

4. **外出与回归**：主人公来到一个陌生的世界，一开始感觉很美好，然后认识到处处凶险，主人公明白为了安全必须离开并回家。

5. **喜剧**：一个群体因为挫折、自私、痛苦、困惑、缺乏自知之明、谎言或者其他因素而分裂，结果必然因为爱和和谐（通常以婚姻为象征符号）而重新团结在一起。

6. **悲剧**：因为致命的错误，一个人物从成功走向毁灭。

7. **重生**：主人公被黑暗力量或者坏人困住，过着生不如死的生活，直到因为另一个人物的爱及其行为才得到解救。

8. **反抗“唯一统治者”**：主人公反抗控制世界的无所不能的一元统治者，直到主人公被迫向这种力量投降。

9. **探秘**：一个外来者处理棘手的事情（比如说谋杀），试图找出真相。

评论类似这样具有深远影响的主导性研究很有吸引力：把世界上几乎所有文学简化为 7 种或者 9 种情节类型。但是布克的分类系统的价值仅仅在于他是如何理解故事的：有一些基本的故事主题我们所有人思考都在使用，它们具有持久的、强大的力量。故事讲述者可以按照通常的分类方法归纳自己的故事，并把它作为分享故事时思考或者明确目的一种方式。例如，作为故事讲述者如果想娱乐别人，你也许不会讲重生的故事。另一方面，如果你以故事讲述者或者讲师的身份参加囚犯改造项目，反抗和重生的故事将是绝佳的例子。我们知道故事的基本主题是有限的，故事内容重复古老的模式，无论是民间故事还是文学，都让当代故事讲述者的技巧有条理或者有结构。

练习与提示：故事类型

提示：故事类型

1. 你最喜欢的情节类型是什么？
2. 闭上眼睛回想它的情感效果。
3. 你最喜欢的神话故事是什么？
4. 你为什么喜欢它？
5. 你读得最多的书时什么？是哪种体裁？
6. 你的个人故事大多数是哪种情节类型？

7. 你想让你的故事对观众产生什么样的影响？

练习：故事类型

1. 按照 ATU 分类在某一个故事类型的基础上创作个人故事。

2. 根据布克情节分类在某一个情节类型基础上创作个人故事。

3. 创作一个追寻的故事，故事主人公务必是非男女二元模式，或者主角是女性。

4. 根据个人经历创作一个传统喜剧。

5. 根据个人经历创作一个传统悲剧。

民间故事原型

一个故事最深层次的内容是故事原型：它来源于集体无意识，一种普遍的、符号化的认知方式。心理学家卡尔·荣格认为，原型与梦意象相似——民间故事的原型是通过文化的方式把梦大声讲出来。这些符号性的形象和情景是一种编码的、意象主义的语言，是信息从一种意识层面产地到另一种意识层面——从梦境到我们清醒的状态。尽管原型存在于各种艺术形式中，但是故事的讲述形式承载着强烈的原型的联系。

民间故事——从本质上讲——通过古老的文化透镜表达普遍的符号。他们是最有可能包含原型的叙述形式。特别是童话故事和传奇故事，通向梦的国度，连接着无意识中无秩序的奇幻境遇。并且正是因为很难准确地表达梦中的意象，所以明确某种特定原型的意义也很有挑战性。我们不能通过描述原型的部分内容而理解它，只有把原型放在故事的语境中，当它更深层次的全部意义被揭示出来后，我们才能阐述原型。我们既懂又不懂——所有标准的情节分析都是不适用的。

理解原型像在水下呼吸——是偶然的、不可持续的事情。不过我们感受到其晦涩的意义影响我们的行为，其不确定的模式在我们的故事中反复出现的。如果我们在个人故事中使用原型，就可能创造一个更深层次的、永恒的境界——即使我们不能完全理解它们多层次的质量。

正如卡尔 · 荣格著名的论述：

> 我们一直都没有屈服于一种错觉，也就是幻想原型可以最终被解释和处理。即使最好的解释也仅仅是或多或少地把它翻译成另外一种隐喻性语言（语言本身确实只是一种形象）。**我们最多能做的就是继续做关于神话的梦，并赋予它现代的外衣。**

荣格在提出否定意见后，又写了多部著作描写一些重要的原型：原型事件如出生、死亡、离开父母、出发、任务、追寻、结婚、敌对双方的联合。原型形象包括伟大的母亲、父亲、孩子、少女、智慧的老人、骗子、幽灵、男主人公或者女主人公，**神话原型主题**如天启、自然灾害和创世。

在童话和神话故事中，我们经常看到某一个故事中包含数个原型。例如，在侏儒怪的故事中（ATU 主题索引 500：有超自然力的救助人），我们发现了很多原型：天真的少女必须完成一项超级困难的任务，这项任务是她贪婪的国王，同时也是她的丈夫，还有她的父亲强加给她的。一个不知道姓名的侏儒怪要抱走她的第一个孩子，这让她的境遇更加糟糕。当她走进一个小树林，无意中听到侏儒怪名字，在第三次猜测中战胜了它并保住了自己的孩子。

这则著名的童话故事是由格林兄弟在 19 世纪收集整理的，但是其根源要追溯到 4000 多年前的青铜时代。故事的意义对每一位听众都是不同的，观众的理解完全取决于他们在多大程度上与故事包含的多层次象征主义产生共鸣。像侏儒怪这样的故事讲述了一些不能说的事情。英国文学评论家约翰·莫里最近在博客上写道："'侏儒怪'这个故事本身还有很多未解之谜，分析或者解释不通。总之，这个童话故事的主要人物没有清晰的动机，我们也无法理解故事真正的意义。不过故事还是那个故事……"

这就是故事原型的困境：在象征、情感的层面讲得通，在理智的层面讲不通。但是，我确实明白侏儒怪的意义。我以个人的、现代的眼光看待这则童话故事：一个年轻的少女被父权社会以及其贪欲所摆布，直到她"命名"了侏儒怪，而且这样做之后，她知道如何完成艰巨的任务并且获得了力量——她纺出了金线并保住了自己的孩子。**"天真的少女"和"狡猾的侏儒怪"是同一个人物体现出的二元对立的性格，就像人物原型中常常出现的情况。**但是有一点也是不无可能，就是文化让我们远离认识原型的古老方式，无法从原始的水平理解它。在后现代的今天，或许我们应该在父权的、农业社会的象征学之外创造新的叙述方式——编织现代的外衣。

练习和提示：原型

提示：原型

1. 思考你的个人故事：你的人物原型是谁？
2. 童话或者神话故事中哪些人物原型可以融合到你的故事中？
3. 什么故事背景在本质上对你有深刻的意义？
4. 什么任务或者矛盾对大多数人来说具有普遍意义？
5. 你在个人故事和童话或者神话故事中是否发现任何对应关系？
6. 你的阴影原型是什么？

练习：原型

1. 写下关于梦的日记，把梦中的事情作为个人故事的素材。

2. 在做过的梦的基础上创作一个故事，或者在真实故事中加入梦中的意象。

3. 写下你最常梦到的意象：好的，坏的，丑陋的。

4. 研究梦中意象的含义。

5. 注意个人故事与梦中意象的对应之处。

练习：原型

1. 你最喜欢的童话故事中的原型是什么？

2. 在不同故事中列出你自己的人物原型。

3. 列出你的故事中的动物原型。

4. 列出事背景中出现的原型。

5. 命名情节中的原型：关键的事件。

6. 用一些原型创作一个故事。

7. 大声讲出这个故事，录下来听一听。

通过艺术地运用主题、故事类型和故事原型，现代故事讲述者也能开辟新的故事讲述传统——新的火焰时代。我们的地球村比以往任何时候都需要直接讲给我们的故事。

认知科学家、语言学家和《文学思想：思想和语言的起源》一书的作者马克·特纳在展望未来时指出：

> 叙述想象——故事——是思想最基础的工具。理性能力建立在这种工具之上。这是我们展望、预测、规划或者解释未来的主要途径。

书中故事作者简介

丽莎·阿尔派恩，《户外世界：玲珑女人的历险旅程》（获得前言评论年度金奖）和《异域生活：爱冒险女人的旅行故事》（北美图书奖第一名）的作者。她创作的故事《鱼贩子雷》获得索拉年度最佳旅行故事银奖。其他奖项包括：《奥利在巴黎》获得索拉2019年最佳旅行实录金奖，《科尔察跳甩臀舞的修女》获得2019年度最佳幽默故事铜奖，《上帝、凤尾鱼和弗拉门科居住的地方》获得2019优秀奖，《糖婆婆和她的舞鞋》获得最佳女性旅行小说奖。阿尔派恩目前正为她的新书《舞蹈生活：随音乐舞动世界》撰写故事。讲述的是阿尔巴尼亚一位萨尔萨女舞者的令人着迷的经历，她跳舞走过古巴、墨西哥、格鲁吉亚、亚美尼亚、巴黎、西班牙和其他异域国家。阿尔派恩的工作内容是写作，探索舞蹈的魅力，和海洋生物一起游泳或者候机。此外她还要照看北加利福尼亚和大夏威夷岛的果园。如想阅读阿尔派恩每月更新的在线杂志，了解关于旅游、舞蹈、写作、健康和感悟的内容，请点击 www.lisaalpine.com （第一章：冒险故事）。

丽莎·毕晓普，图书情报专业硕士，毕业于圣何塞州立大学图书馆与信息科学学院，与一群富有开拓精神的教师一起复兴了旧金山联合学区（SFUSD）学校图书馆项目。取得研究生学位之前，她被授予跨文化和学术发展的双语教学（BCLAD）西班牙双语教师和国家通过职业验证的教师证书。她曾任弗林小学国际中学毕业会考协调员，致力于使这所小学成为旧金山联合学区第一所公立小学和国际中学毕业会考学校。她创作了《弗林 500》一书，这是一本包含了来自社区 500 多个故事的日语精装版巨著。毕肖普为加利福尼亚学校图书馆协会成员，加利福尼亚学校图书馆协会北部地区前会长。她在任时，曾为学校的图书管理员创办了各种各样的工作坊，开展了各种各样的活动，同时制作了一个学校图书馆倡议视频，其中包含了很多著名儿童书籍作者陈述学校图书馆重要性的采访。她为美国图书馆协会和美国学校图书馆员协会成员，在加利福尼亚学校图书馆协会以及在美国学校图书馆员协会的会前举办工作坊。同时，她活跃于书籍艺术社区，鼓励学生书写自己的故事，参加艾兹拉 · 杰克 · 季兹著作大赛，她的学生已经在此大赛中获得了很多奖项。她为旧金山阿普托斯中学教师图书管理员（第一章：考验与挑战的故事）。

谢乐尔 · J. 拜兹 - 鲍特，奥克兰作家，她的作品在艺术上的成功之处在于对生活、种族政治和经济有更深刻的理解，同时也没有偏离叙述的主线。她经常以奥克兰作为动人的、通常也是妙趣横生的短篇故事的背景。她的第一本书《一元五分：婴儿潮出生者在旅途中的故事》（2014 年）被认为是“富于生动的形象”和“不可思议”。她的第二本书《所有这些以及更多的婚礼》（2016 年）是悬疑和犯罪为主题的短篇小说集，被誉为“很有想象力，丰富多彩和可爱的人物吸引你品读每个故事，以至于让人爱不释手”。她最新的作品《奔向 2 点 10 分》（2017 年）是《一元五分》的姊妹篇，更深刻地探讨了在奥克兰长大成人的故事以及种族和肤色的问题，一则书评认为这本书是“文学上的巨大贡献”。谢乐尔被认为用她的故事和诗歌“博得满堂彩”。她的诗歌《卡蒂萨克号和牛奶》（她说，她说）和《孩子的思考》获得 2019 年圣洛伦索图书馆文学大赛获奖。了解谢乐尔作品更多信息请点击：www.Sjbb-talkinginclass.blogspot.com（第一章：童年和成长的故事）。

贝亚·鲍尔斯，对故事有强烈爱好的专业故事讲述者。她受霍皮神话始祖——蜘蛛奶奶的启发，把蜘蛛奶奶作为自己讲述的神话故事的女性神仙。贝亚用共同的主题把不同文化中的传说编织成一张大网，然后用于自己的现场表演、音频故事以及创作的两本书中，即《蜘蛛的秘密》和《蜘蛛奶奶神奇的网》。鲍尔斯与新维度电台的创始人迈克尔·汤姆斯和贾斯汀·汤姆斯一起，与世界著名神话学者约瑟夫·坎贝尔合作，记录了多种多样的创世故事。他们合作的节目《欲望的孩子：5 个世界各地创世故事》在新维度电台播出，由不同传统的故事讲述者来讲述。贝亚·鲍尔斯每到一所学校，师生们都对她高度评价："贝亚带给课堂最精彩的地方在于通过讲述不同故事让大家理解了世界各地文化。"一位音频书的制作人对她赞许有加："从超过 8 小时时长的故事中，我们选择首先听贝亚讲的一个故事，因为她有完美的声音和表演风格，让我们沉浸在故事的世界里。"了解鲍尔斯更多信息请点击 www.beatricebowles.com（第二章：定义故事）。

S.G. 布朗尼，撰写具有超自然或者奇幻色彩的黑暗喜剧和社会讽刺作品的作家。他的作品内容包括为了公民权利而斗争的僵尸，天生具有偷走别人运气的私家侦探，因接受药物测试而获得超能力的小白鼠。他出版的小说有《喘息机会》《命中注定》《幸运的混蛋》《大我》和《不是英雄》，以及短篇故事集《手到擒来》和温馨的假日小说《我看到僵尸吃圣诞老人》。他还写了《贵妇犬》，是关于通人性的小猫和小狗的童话故事，读来老少皆宜。他的作品受到恰克·帕拉尼克、克里斯托弗·摩尔、库尔特·冯内古特和维斯·安德森等人的影响。除了写作，布朗尼读书，骑自行车穿过金门大桥，打太极，追剧或者在旧金山动物保护协会参加志愿活动。他还是一位冰激凌鉴赏家，吉尼斯黑啤的狂热爱好者，电影《生活多美好》的影迷。了解布朗尼更多作品信息，请点击 www.sgbrowne.com（第二章：个人品牌故事）。

西蒙娜·卡里尼，出生于意大利佩鲁贾市，先后毕业于佩鲁贾R. 多纳泰利护理学校，意大利米兰圣心天主教大学，加利福尼亚奥克兰米尔斯学院。她创作诗歌和纪实文学，出版了纸质和电子作品，其传记和美食写作获得文学奖项。卡利尼是全国女性图书协会旧金山分会会员，加利福尼亚作家俱乐部红杉作家分会会员。她的传记小说《蓝色背包》入选2015年出版的红杉作家选集《旅程》，2016年被加州作家俱乐部《文学评论》转载。她与丈夫生活在北加利福尼亚，在医学信息科学领域进行学术研究。其个人网站是simonacarini.com（第一章：冒险故事）。

玛琳·卡伦，热心于鼓励人们写作，即使是那些认为自己没有写作天赋的人。对其他作家来说，玛琳的系列专著《写作现场选集》读来既放松心情又备受鼓舞。《写作现场选集》中的每一个故事、插图和诗歌都附带有写作提示，鼓励读者成为作家。玛琳痴迷于写作并与他人分享写作心得，她营造了独特的写作环境，比如启动写作工作坊，参与者常常经历了脱胎换骨的转变。她的工作坊提供了成功写作所需要的基本要素。玛琳是佩塔卢马作家讲坛的创始人，这个文学论坛每月举办一次，演讲者通常围绕写作技巧和写作事物发表看法。玛琳的获奖故事和论文在文学期刊、选集、报纸上发表，包括《星星之光》《筑桥，更多的桥》《红杉作家选集》《写作现场选集》。她是加利福尼亚作家俱乐部成员，目前还主持着“作家现场博客”这一作家写作灵感的百宝箱。了解玛琳作品更多信息请登录www.TheWriteSpot.us（第三章：家族秘密和阴影）。

萨拉·埃特根-贝克，从小就表现出对文字的热爱，那时候她妈妈每天晚上带着她读字典。老师无意中说的一句话“你有写作天赋”激发了她的写作欲望。尽管萨拉不在意老师的评语并从事了不同的职业，但是她最终发现内心还是留着一个作家梦。萨拉创作了一百多篇传记和散文，其中很多获奖并发表在电子杂事、博客、选集和纸质杂志上，包括 WomensMemoirs.com，《保存》杂志，《心灵鸡汤》《路标》《智慧有声》《双人桌》《寻找白马王子》《从内到外：女人的真相》《女人的故事》《变革的时代：60 后和 70 后女性的记忆》。萨拉正在创作中的小说《迪雷亥十字路口的秘密》入围美国女性作家协会组织的 2017 维尼 · 里姆写作大赛总决赛，而沙拉也是该协会的会员。萨拉也是故事圈网络的成员，经常为该网络旗下的“一个女人的一天”博客和季刊撰稿。萨拉与得克萨斯安娜地方历史协会合作，研究和写作关于安娜历史的文件。在写作之余，萨拉喜欢散步，或者与丈夫比尔共度时光（第一章：童年和成长的故事）。

贝琪 · 格拉齐亚尼 · 法斯宾德，作家、心理治疗师、播主、公共演讲教师和教练。无论是私密谈话、书面故事还是实际工作中，菲斯宾德认为正是通过我们的故事才建立了最深层次的联系。她主持了“牵牛花项目：关于决心的故事”。她还创作了小说《火与水》，传记《填满她的鞋子》以及有指导意义的非虚构作品《从书本到舞台：写给作家的灵感、工具和公共演讲技巧》。了解贝琪更多作品信息，请点击 www.betsygrazianifasbinder.com（第二章：标签故事）。

琼 · 盖尔芬德，写作教练和演说家，创作了《你也可以成为获奖作家》一书。她出版了三本备受赞誉的诗集，一本获奖的短篇故事集很畅销，还以硅谷的创业故事为背景写了一本小说《惊心动魄》。琼在写作上获奖无数，其作品见于《洛杉矶评论集》《赫芬顿邮报》《拉特尔报》《草原篷车》《卡里奥佩》《子午线当代诗选》《多伦多评论》《马尔什 · 霍克评论》《LevureLitteraire》《心灵鸡汤》以及一百多种文集和期刊上。有一部电影就是来自琼的诗歌《费林盖蒂诗歌学院》，在戛纳、罗马、好莱坞、伦敦、马耳他等八大国际电影节上大放光彩。这部电影在希腊雅典诗歌电影节上放映，并获得世界梦研究协会颁发的大奖。诗歌是关于劳伦斯 · 费林盖蒂的三个梦的。琼是全国图书评论圈成员，湾区旅游作家协会会员，全国女性图书协会前任主席，北加州图书评奖委员会委员。了解琼更多作品信息请点击 joangelfand.com（第二章：标签故事）。

霍梅拉·吉尔扎伊，作家，演说家，阿富汗文化顾问。她开设人气博客——“阿富汗文化揭秘”，为外界打开了一扇了解阿富汗文化和饮食的窗口。她通过讲故事来展示阿富汗丰富的文化、美味的饮食以及她的家族传统，使人感受到这个国家的吸引力。霍梅拉是全国女性图书协会会员，目前正在创作第一部小说《揭开面纱》，这部小说的背景是旧金山和阿富汗。她作品发表在《安可》杂志，《月亮女神：152 则阿富汗普什图语谚语》以及《媒介》上。了解霍梅拉更多作品信息请点击 www.humairaghilzai.com（第三章：家族故事）。

李·戈夫，作家，商人，企业主，丈夫，父亲，爷爷和朋友。他受过正规教育，获得英语和金融学士学位，还获得硕士学位。李的父亲是职业军官，在父母的关爱下长大成人，后来母亲饱受阿尔兹海默症和痴呆症折磨，因为针对这类病的现代治疗方法是很久之后才出现的。李的人生有很多被称为教训的错误，他努力把这些教训转化为智慧，也转化为对上帝的信念，这被他看作是一切事物的基础。了解李更多的作品信息，请点击 www.thundertrilogy.com（第一章：考验与挑战的故事）。

克莱尔·亨尼西，作家和故事讲述者，2008 年从英国移居加利福尼亚，心理适应上的障碍促使她不得不开始写作，把它作为一种廉价的治疗方式。现在她正在修改一本幽默性自传，讲述她和丈夫分开 30 多年后如何又走到了一起。克莱尔是旧金山湾区写作团体——“妈妈的写作”的创始成员（writeonmamas.com）。她已经出版了四本文集，包括获奖作品《她做到了：关于自立自强并一往无前》《只有真理是帮助我的上帝》。她在点燃·震撼、点燃·爬行、飞蛾、沼泽以及其他讲故事的舞台或者大会上都讲过故事。她的播客地址是 TheBonkersBrit（第三章：家族故事）。

K.J. 兰蒂斯，作家，教育家，健康和人生教练。她有教育科学学士学位，还持有私人训练、普拉提、健身等有多个证书，以及心理、儿童发展、营养学等方面的成人教育证书，她毕业于斯坦福医学院营养学专业，约翰·霍普金斯大学以及其他著名大学。她致力于教人们过无谷、无糖的生活方式，打破食物标签，引导人们改进生活方式时建立互助群落。兰蒂斯的咨询客户既有旧金山当地的，也有通过互联网和电话为远在迪拜的客户提供咨询服务。她在图书馆、老年中心、公司和家庭创建并改进健康工作室。兰蒂斯是“人体 HCG 与生活”播客、“网络新手作家”播客以及其他很多播客的著名嘉宾主持。他写了大量健康类的书籍，每周更新的视频和播客也会分享关于整体健康方面和激发人进取向上的信息资料。了解 K.J. 兰蒂斯以及关于她关于健康的探索，请点击 www.superiorselfwithkjlandis.com（第三章：家族秘密和阴影）。

玛丽·麦基，作家，喜欢读书，作品中包括发高烧、穿越热带雨林、躲避子弹、因为火山喷发而被围困、被行军蚁包围、被吸血蝙蝠攻击、受到毒蛇威胁、对人类做出灾难性的决定。她写了 14 本小说，包括《骨头村》《那年骏马来》，描写的是热爱和平、崇拜女神的史前欧洲居民击退游牧部落的故事。玛丽的小说曾经登上《纽约时报》和《旧金山纪事报》畅销书榜单，被翻译成 12 种语言，售出 150 万册。玛丽还出版了 8 本诗集，其中《梦中奔跑的美洲豹》，获得 2019 年埃里希·霍菲尔最佳图书奖和 2018 年女人灵性图书奖，《白糖地带》获得 2012 年约瑟芬·迈尔斯奥克兰作家奖。她的诗歌常以巴西亚马孙河为背景，汤婷婷、温德尔·贝利、简·赫斯菲尔德、D. 纳克斯、阿尔·杨和玛姬·皮尔西等人称赞她的诗歌意境美好、用词准确、有独创性，而且题材广泛。了解玛丽更多作品信息，请登录 marymackey.com（第一章：冒险故事）。

玛丽莎·莫斯，屡获殊荣的儿童文学作家和插图画家，创作的几部图画书很受欢迎，还以小作家艾米莉亚的主角撰写了系列儿童读物。第一本是《艾米莉亚的笔记本》，记录了女主人公艾米莉亚在小学四年级经历的一系列日常冒险：艾米莉亚转学了，交了一些新朋友，还要与令人讨厌的姐姐打交道。玛丽莎同样以日记体的形式写了若干历史类的文章，例如《年轻美国人的声音》系列，其中《艾玛日记：一个殖民地女孩的故事》《汉娜日记：一个移民女孩的故事》《萝丝日记：一个女孩在大萧条中的故事》。玛丽莎对历史有强烈的兴趣，也非常喜欢同孩子们分享历史上的重要事件，这促使她继续创作图画书并获了很多奖，例如《带倒钩的棒球》《永不睡觉的眼睛：侦探平克顿如何拯救林肯总统》。玛丽莎非常特别的一部作品是《最后的事情：关于失去和爱的图像回忆录》，这是一部适合成年人阅读的插图故事，带有深深的色彩，讲述了玛丽莎丈夫的离开——一个家庭如何在巨大的损失中幸存并成长。了解玛丽莎更多作品信息请点击marrissamoss.com（第二章：个人品牌故事）。

琳达·乔伊·迈尔斯，获奖传记文学《平原之歌》的作者，她在俄克拉荷马州伊妮德市长大，在那里她感受到美丽风光的魅力，遇到对她的灵魂产生重要影响的人们。她在写作中探索治愈遗弃、隐秘和沉默的主题。她对风、土地和家人的记忆交织在一起，展示了记忆和个人故事的力量。她的第一部传记《别叫我妈妈》是关于治疗三代母女遗弃的故事。琳达·乔伊是全国传记作家协会创始人和主席。琳达在过去 40 年从事心理治疗师工作，对那些沉迷在故事中太长时间保持沉默的作家进行心理辅导。琳达是《传记的力量》《传记的旅程》的作者，与他人合著了《开启你的回忆录》《传记的魔力》。了解琳达更多作品信息请点击 www.lindajoymyersauthor.comandwww.namw.org（第二章：定义故事）。

贝弗利·司各特，多年来在工作和抚养女儿的过程中，一直对自己神秘的祖父很好奇。她结束公司咨询和领导力教练这一职位后，就开启家族之旅，试图揭开祖母从没有说过的秘密。尽管她发现关于祖父的很多传言都是真的，但是她还发现了故事中很多丢失的信息。贝弗利 · 司各特决定以她了解到的家族传承故事为基础撰写一部历史小说《萨拉的秘密：一个关于背叛和原谅的西方故事》。贝弗利在咨询行业工作了 37 年，同时还兼任“战胜贫困”计划社区行动办公室执行主任，此外还面向康奈尔大学和艾奥瓦州柯埃大学的本科生以及旧金山湾区的约翰 · F. 肯尼迪大学组织心理学硕士生项目的学生讲授心理学。她发表很多专业文章，出版了 3 本专著，2011 年与吉姆 · 巴恩斯合写的《内部咨询》。她是地平线基金会、纽约发展组织、女性司法中心主席。了解贝弗利更多作品信息请点击 www.bevscott.com（第三章：家族传承）。

小维特 · 泰勒，出生在亚拉巴马州伯明翰市并在那里长大，目前已经创作了 5 本著作，前两部是纪实性作品《阿尔丰斯 · 慕夏的斯拉夫史诗：斯拉夫人的艺术史》（2008 年）以及获奖作品《我们南方的家：从斯科茨伯勒到蒙哥马利到伯明翰——20 世纪南方的变迁》（2011 年）。之后他创作的获奖作品是凶杀悬疑小说三部曲，以私家侦探乔 · 麦格雷斯和萨姆 · 洛克为主人公，分别是《拯救之吻》（2014 年）《救赎行动》（2016 年）和《留意天启》（2017 年）。泰勒即将出版的是一本青春小说《亨利 · 塔特：爱奔跑的男孩》。泰勒现在和妻子伊丽莎白 · 马丁住在加利福尼亚圣罗莎，他们养育了 5 个优秀的孩子，还有 17 个淘气的孙辈（第三章：家族传承）。

迈克尔 · 温，残疾人作家，在新墨西哥州生活和工作。他们大部分工作内容是致力于唤起人们对家庭暴力的注意，维护残障人士权利，防止性侵害，争取性少数群体权益。他们以迈克尔 · 温的名字出版的作品包括《墙上的身体》（诗歌）《夜莺的哭泣：作家对家庭暴力说不》（与人合著），迈克尔的故事作品，包括一些表现更多幽默性的作品，最近出版的有玛琳·卡伦编辑的《写作现场：沉思》。他们的诗歌和散文也被广泛收入各种文集。除写作外，迈克尔与 YWCA 一起运行“变伤害为希望”项目。这个项目开展了 5 年，旨在鼓励他人写下并讨论关于家庭暴力的话题。他们也创立了阅读节目“舞台上的书籍”，一直举办到今天。这些项目都在加利福尼亚索娜马县。在新墨西哥州，他们作为客座艺术家，与青年女性联合会一起以怀孕为主题制作宣传册，并为拉丁裔女性提供服务。了解迈克尔更多作品信息，请点击 www.caninebodhisattva.com（第一章：考验与挑战的故事）。

致　谢

本书的面世得力于亚历克斯 · 费舍尔的支持鼓励，他让我寻找一本我写于 1979 年的关于讲故事的《遣词造句：讲故事指南》，由旧金山泽勒巴克家族基金资助出版，但是后来丢失了。当这本书被找到后，我图书馆的同事，特别是丽莎 · 毕晓普敦促我用新的故事内容和目的对书进行修订。在芒果出版集团副社长布伦达 · 奈特的长期倾力之下，我成功完成了书籍创作计划并开始撰写。非常感谢 20 位故事作者，他们分享了令人印象深刻的故事和讲故事技巧，使得本书在内容很风格上丰富多彩。

我还要感谢写故事圈和讲故事圈的朋友们，他们在我过去这些年我探索讲故事的力量的过程中给了我很多帮助，提供了很多出书的机会。最后我要感谢我的儿子布兰登 · 法雷尔，他从一开始到现在一直乐于听我讲故事。